般若心经

中国佛学经典宝藏

6

程恭让 东初 释译

星云大师总监修

人民东方出版传媒

东方出版社

总序

星云

> 自读首楞严，从此不尝人间糟糠味；
> 认识华严经，方知已是佛法富贵人。

诚然，佛教三藏十二部经有如暗夜之灯炬、苦海之宝筏，为人生带来光明与幸福，古德这首诗偈可说一语道尽行者阅藏慕道、顶戴感恩的心情！可惜佛教经典因为卷帙浩瀚、古文艰涩，常使忙碌的现代人有义理远隔、望而生畏之憾，因此多少年来，我一直想编纂一套白话佛典，以使法雨均沾，普利十方。

一九九一年，这个心愿总算有了眉目。是年，佛光山在中国大陆广州市召开"白话佛经编纂会议"，将该套丛书定名为《中国佛教经典宝藏》①。后来几经集思广

---

① 编者注：《中国佛教经典宝藏》丛书，大陆出版时改为《中国佛学经典宝藏》丛书。

益，大家决定其所呈现的风格应该具备下列四项要点：

一、启发思想：全套《中国佛教经典宝藏》共计百余册，依大乘、小乘、禅、净、密等性质编号排序，所选经典均具三点特色：

1. 历史意义的深远性

2. 中国文化的影响性

3. 人间佛教的理念性

二、通顺易懂：每册书均设有原典、注释、译文等单元，其中文句铺排力求流畅通顺，遣词用字力求深入浅出，期使读者能一目了然，契入妙谛。

三、文简意赅：以专章解析每部经的全貌，并且搜罗重要的章句，介绍该经的精神所在，俾使读者对每部经义都能透彻了解，并且免于以偏概全之谬误。

四、雅俗共赏：《中国佛教经典宝藏》虽是白话佛典，但亦兼具通俗文艺与学术价值，以达到雅俗共赏、三根普被的效果，所以每册书均以题解、源流、解说等章节，阐述经文的时代背景、影响价值及在佛教历史和思想演变上的地位角色。

兹值佛光山开山三十周年，诸方贤圣齐来庆祝，历经五载、集二百余人心血结晶的百余册《中国佛教经典宝藏》也于此时隆重推出，可谓意义非凡，论其成就，则有四点可与大家共同分享：

一、佛教史上的开创之举：民国以来的白话佛经翻译虽然很多，但都是法师或居士个人的开示讲稿或零星的研究心得，由于缺乏整体性的计划，读者也不易窥探佛法之堂奥。有鉴于此，《中国佛教经典宝藏》丛书突破窠臼，将古来经律论中之重要著作，做有系统的整理，为佛典翻译史写下新页！

二、杰出学者的集体创作：《中国佛教经典宝藏》丛书结合中国大陆北京、南京各地名校的百位教授、学者通力撰稿，其中博士学位者占百分之八十，其他均拥有硕士学位，在当今出版界各种读物中难得一见。

三、两岸佛学的交流互动：《中国佛教经典宝藏》撰述大部分由大陆饱学能文之教授负责，并搜录台湾教界大德和居士们的论著，借此衔接两岸佛学，使有互动的因缘。编审部分则由台湾和大陆学有专精之学者从事，不仅对中国大陆研究佛学风气具有带动启发之作用，对于台海两岸佛学交流更是帮助良多。

四、白话佛典的精华集萃：《中国佛教经典宝藏》将佛典里具有思想性、启发性、教育性、人间性的章节做重点式的集萃整理，有别于坊间一般"照本翻译"的白话佛典，使读者能充分享受"深入经藏，智慧如海"的法喜。

今《中国佛教经典宝藏》付梓在即，吾欣然为之作序，并借此感谢慈惠、依空等人百忙之中，指导编修；吉广舆等人奔走两岸，穿针引线；以及王志远、赖永海等大陆教授的辛勤撰述；刘国香、陈慧剑等台湾学者的周详审核；满济、永应等"宝藏小组"人员的汇编印行。他们的同心协力，使得这项伟大的事业得以不负众望，功竟圆成！

《中国佛教经典宝藏》虽说是大家精心擘划、全力以赴的巨作，但经义深邃，实难尽备；法海浩瀚，亦恐有遗珠之憾；加以时代之动乱，文化之激荡，学者教授于契合佛心，或有差距之处。凡此失漏必然甚多，星云谨以愚诚，祈求诸方大德不吝指正，是所至祷。

一九九六年五月十六日于佛光山

原版序
敲门处处有人应

慈惠

　　《中国佛教经典宝藏》是佛光山继《佛光大藏经》之后，推展人间佛教的百册丛书，以将传统《大藏经》精华化、白话化、现代化为宗旨，力求佛经宝藏再现今世，以通俗亲切的面貌，温渥现代人的心灵。

　　佛光山开山三十年以来，家师星云上人致力推展人间佛教，不遗余力，各种文化、教育事业蓬勃创办，全世界弘法度化之道场应机兴建，蔚为中国现代佛教之新气象。这一套白话精华大藏经，亦是大师弘教传法的深心悲愿之一。从开始构想、擘划到广州会议落实，无不出自大师高瞻远瞩之眼光，从逐年组稿到编辑出版，幸赖大师无限关注支持，乃有这一套现代白话之大藏经问世。

　　这是一套多层次、多角度、全方位反映传统佛教文化的丛书，取其精华，舍其艰涩，希望既能将《大藏经》

深睿的奥义妙法再现今世，也能为现代人提供学佛求法的方便舟筏。我们祈望《中国佛教经典宝藏》具有四种功用：

一、是传统佛典的精华书

中国佛教典籍汗牛充栋，一套《大藏经》就有九千余卷，穷年皓首都研读不完，无从赈济现代人的枯槁心灵。《宝藏》希望是一滴浓缩的法水，既不失《大藏经》的法味，又能有稍浸即润的方便，所以选择了取精用弘的摘引方式，以舍弃庞杂的枝节。由于执笔学者各有不同的取舍角度，其间难免有所缺失，谨请十方仁者鉴谅。

二、是深入浅出的工具书

现代人离古愈远，愈缺乏解读古籍的能力，往往视《大藏经》为艰涩难懂之天书，明知其中有汪洋浩瀚之生命智慧，亦只能望洋兴叹，欲渡无舟。《宝藏》希望是一艘现代化的舟筏，以通俗浅显的白话文字，提供读者遨游佛法义海的工具。应邀执笔的学者虽然多具佛学素养，但大陆对白话写作之领会角度不同，表达方式与台湾有相当差距，造成编写过程中对深厚佛学素养与流畅白话语言不易兼顾的困扰，两全为难。

三、是学佛入门的指引书

佛教经典有八万四千法门，门门可以深入，门门是无限宽广的证悟途径，可惜缺乏大众化的入门导览，不易寻觅捷径。《宝藏》希望是一支指引方向的路标，协助十方大众深入经藏，从先贤的智慧中汲取养分，成就无上的人生福泽。

四、是解深入密的参考书

佛陀遗教不仅是亚洲人民的精神归依，也是世界众生的心灵宝藏。可惜经文古奥，缺乏现代化传播，一旦庞大经藏沦为学术研究之训诂工具，佛教如何能扎根于民间？如何普济僧俗两众？我们希望《宝藏》是百粒芥子，稍稍显现一些须弥山的法相，使读者由浅入深，略窥三昧法要。各书对经藏之解读诠释角度或有不足，我们开拓白话经藏的心意却是虔诚的，若能引领读者进一步深研三藏教理，则是我们的衷心微愿。

大陆版序一

（签名）

　　《中国佛教经典宝藏》是一套对主要佛教经典进行精选、注译、经义阐释、源流梳理、学术价值分析，并把它们翻译成现代白话文的大型佛学丛书，成书于二十世纪九十年代，由台湾佛光文化事业有限公司出版，星云大师担任总监修，由大陆的杜继文、方立天以及台湾的星云大师、圣严法师等两岸百余位知名学者、法师共同编撰完成。十几年来，这套丛书在两岸的学术界和佛教界产生了巨大的影响，对研究、弘扬作为中国传统文化重要组成部分的佛教文化，推动两岸的文化学术交流发挥了十分重要的作用。

　　《中国佛学经典宝藏》则是《中国佛教经典宝藏》的简体字修订版。之所以要出版这套丛书，主要基于以下的考虑：

　　首先，佛教有三藏十二部经、八万四千法门，典籍浩瀚，博大精深，即便是专业研究者，穷其一生之精力，恐也难阅尽所有经典，因此之故，有"精选"之举。

其次，佛教源于印度，汉传佛教的经论多译自梵语；加之，代有译人，版本众多，或随音，或意译，同一经文，往往表述各异。究竟哪一种版本更契合读者根机？哪一个注疏对读者理解经论大意更有助益？编撰者除了标明所依据版本外，对各部经论之版本和注疏源流也进行了系统的梳理。

再次，佛典名相繁复，义理艰深，即便识得其文其字，文字背后的义理，诚非一望便知。为此，注译者特地对诸多冷僻文字和艰涩名相，进行了力所能及的注解和阐析，并把所选经文全部翻译成现代汉语。希望这些注译，能成为修习者得月之手指、渡河之舟楫。

最后，研习经论，旨在借教悟宗、识义得意。为了将其思想义理和现当代价值揭示出来，编撰者对各部经论的篇章品目、思想脉络、义理蕴涵、学术价值等所做的发掘和剖析，真可谓殚精竭虑、苦心孤诣！当然，佛理幽深，欲入其堂奥、得其真义，诚非易事！我们不敢奢求对于各部经论的解读都能鞭辟入里，字字珠玑，但希望能对读者的理解经义有所启迪！

习近平主席最近指出："佛教产生于古代印度，但传入中国后，经过长期演化，佛教同中国儒家文化和道家文化融合发展，最终形成了具有中国特色的佛教文化，给中国人的宗教信仰、哲学观念、文学艺术、礼仪习俗等留下了深刻影响。"如何去研究、传承和弘扬优秀佛教文化，是摆在我们面前的一个重要课题，人民东方出版传媒有限公司拟对繁体字版的《中国佛教经典宝藏》进行修订，并出版简体字版的《中国佛学经典宝藏》，随喜赞叹，寥寄数语，以叙因缘，是为序。

二〇一六年春于南京大学

大陆版序二

依空

　　身材高大、肤色白皙、擅长军事的亚利安人，在公元前四千五百多年从中亚攻入西北印度，把当地土著征服之后，为了彻底统治这里的人民，建立了牢不可破的种姓制度，创造了无数的神祇，主要有创造神梵天、破坏神湿婆、保护神毗婆奴。人们的祸福由梵天决定，为了取悦梵天大神，需要透过婆罗门来沟通，因为他们是从梵天的口舌之中生出，懂得梵天的语言——繁复深奥的梵文，婆罗门阶级是宗教祭祀师，负责教育，更掌控了神与人之间往来的话语权。四种姓中最重要的是刹帝利，举凡国家的政治、经济、军事、文化等等都由他们实际操作，属贵族阶级，由梵天的胸部生出。吠舍则是士农工商的平民百姓，由梵天的膝盖以上生出。首陀罗则是被踩在梵天脚下的土著。前三者可以轮回，纵然几世轮转都无法脱离原来种姓，称为再生族；首陀罗则连轮回的因缘都没有，为不生族，生生世世为首陀罗，子孙也倒霉跟着宿命，无法改变身份。相对于此，贱民比首陀罗更为卑微、低贱，连四种姓都无法跻身其中，只能从事挑粪、焚化尸体等最卑贱、龌龊的工作。

出身于高贵种姓释迦族的悉达多太子，为了打破种姓制度的桎梏，舍弃既有的优越族姓，主张一切众生皆平等，成正等觉，创立了佛教僧团。为了贯彻佛教的平等思想，佛陀不仅先度首陀罗身份的优婆离出家，后度释迦族的七王子，先入山门为师兄，树立僧团伦理制度。佛陀更严禁弟子们用贵族的语言——梵文宣讲佛法，而以人民容易理解的地方口语来演说法义，这就是巴利文经典的滥觞。佛陀认为真理不应该是属于少数贵族、知识分子的专利或装饰，而应该更贴近普罗大众，属于平民百姓共有共知。原来佛陀早就在推动佛法的普遍化、大众化、白话化的伟大工作。

佛教从西汉哀帝末年传入中国，历经东汉、魏晋南北朝、隋唐的漫长艰巨的译经过程，加上历代各宗派祖师的著作，积累了庞博浩瀚的汉传佛教典籍。这些经论义理深奥隐晦，加以书写的语言文字为千年以前的古汉文，增加现代人阅读的困难，只能望着汗牛充栋的三藏十二部扼腕慨叹，裹足不前。

如何让大众轻松深入佛法大海，直探佛陀本怀？佛光山开山宗长星云大师乃发起编纂《中国佛教经典宝藏》。一九九一年，先在大陆广州召开"白话佛经编纂会议"，订定一百本的经论种类、编写体例、字数等事项，礼聘中国社科院的王志远教授、南京大学的赖永海教授分别为中国大陆北方与南方的总联络人，邀请大陆各大学的佛教学者撰文，后来增加台湾部分的三十二本，是为一百三十二册的《中国佛教经典宝藏精选白话版》，于一九九七年，作为佛光山开山三十周年的献礼，隆重出版。

六七年间我个人参与最初的筹划，多次奔波往来于大陆与台湾，小心谨慎带回作者原稿，印刷出版、营销推广。看到它成为佛教徒家中的传家宝藏，有心了解佛学的莘莘学子的入门指南书，为星云大师监修此部宝藏的愿心深感赞叹，既上契佛陀"佛法不舍一众"的慈悲本怀，更下启人间佛教"普世益人"的平等精神。尤其可喜者，欣闻现大陆出版方东方出版社潘少平总裁、彭明哲副总编亲自担纲筹划，组织资深编辑精校精勘；更有旅美企业家鲁彼德先生事业有成之际，秉"十方来，十方去，共成十方事"之襟怀，促成简体字版《中国佛学经典宝藏》的刊行。今付梓在即，是为序，以表随喜祝贺之忱！

二〇一六年元月

目 录

《心经》，全称为《般若波罗蜜多心经》，为六百卷《大般若经》核心之所在。此经全文虽不足三百字，却概括了整部《般若》的要义，其用语之简洁，说理之深刻以及流传之广泛，影响之深远，均为中国佛教史之所仅见。

　　《心经》的中心理念在"色不异空，空不异色；色即是空，空即是色"这四句话。色不异空、空不异色，这是说在色、空二概念间不能作对待性理解，不能把"空"看成是与"色"对立的，或在"色"之外的存在范畴，也不能把"色"看成是与"空"对立的，或在"空"之外的存在范畴；色即是空，空即是色，这二句是对色空不异的继续引申，乃明确揭示色、空相即不二的般若正理。

《心经》经题中的"心"字是"枢纽""殊胜"之意，意谓不足三百字之《心经》是理解浩浩文字般若的关键和枢纽；而在阐说"无自性空"的般若系经典中，其说理之精透又是至为殊胜的。但是，在《心经》的传承过程中，特别是在《心经》深深融入华化佛教思维模式之后，人们对经题中的"心"字作了一种全新的诠释，即把"心"理解为本体之心。"心"由"枢纽"的语义学释义到"本体之心"的本体论领会，既形象地反映了中印佛学思想演变的历史脉络，又亲切地呈现出中国佛学思维方式的独异性。

　　值得一提的是，在鸠摩罗什译师的大、小品《般若》中，有很多地方都有类似于《心经》的文字段落，但《心经》的成文翻译则是由玄奘法师贡献的。玄奘法师虽然是研究、弘扬瑜伽学的专家，但他在个人行持中则极为重视《般若心经》，他终身讽诵、备极尊重的一部经典也就是这部《心经》。

经典

般若波罗蜜多心^①经

观自在菩萨^②行^③深般若波罗蜜多^④时，照见^⑤五蕴^⑥皆空^⑦，度一切苦厄^⑧。

注释

①**心**：枢纽、统摄、尊胜之意。法藏解释本经经题，以"般若"为所诠之法，"心"字是能诠之喻，"即大般若内统摄要妙之义，况人心藏为主为要，统极之本"。

这是说，本经经题中的"心"字是取"心"的比喻义，心是人生生命中起统摄作用的东西，本经经题遂用"心"的此项比喻义，说明这部经是统摄概括整部《大般若经》的，在般若经类中，它最为尊胜，是一切般若的枢纽。

此后，圆测、文才及近代之欧阳竟无居士等均从法藏说，以喻释"心"。《心经》古代各大注疏家中，只有清代朱珪以"心体"释此"心"字。据朱珪说，本经宗旨是用般若智慧对治心中妄念，使心体呈现出来，"此经讲明心体，该括诸经"。朱珪此说其实是六祖"自性般若"诠释路线的延续。

② **观自在菩萨**：又名观世音菩萨。法藏对这一名号以及它的含意进行了解释，他说："观自在菩萨者，能观人也，谓于理事无碍之境，观达自在，故立此名。又观机往救，自在无碍，故以为名焉。前释就智，后释就悲。"

这是说，"观自在菩萨"这个名号有两个含意。从智慧方面说，"观自在菩萨"表示对真空之理与俗谛之事的融成一片，这一绝对真实已经能够完全理解和通达；从慈悲方面说，"观自在菩萨"表示能针对不同众生的不同痛苦和希望，分别采取不同的方式度脱他们。

从慈悲方面解说的"观自在菩萨"名号，事实上即指"观世音菩萨"；再者，法藏所说智慧与慈悲两个方面是紧密联系不可分割的，正因为"观自在菩萨"对于真空之理与俗谛之事融成一片的绝对真实，已经能够完全理解和通达，所以他才能适应着众生的种种根性和欲求，随机往救，方便化导。

③ **行**：修行。

④ **深般若波罗蜜多**：般若波罗蜜多，即到彼岸之般若；深，深广无边，深般若波罗蜜多，即指深广无边的般若智慧和深广无边的般若观法。

据圆测说："深即甚深，深有二种，一者即行深，无分别智内证二空，离诸分别，无能所行以为行相，故名行深；二者境深，谓二空理离有无相，绝诸戏论，无分别智证此深境，故曰境深。"

这是说，"深"一方面指运用般若智慧观照一切法时无分别、无能所、无主客对立的认识状态（行深），另一方面指这种特殊认识所体认的二空之理是超越于语言称说的（境深）。

二空，即人空与法空。人空，是说人的身体性命里没有一个主宰性的实体；法空，是说一切存在现象（一切法）中都没有主宰和轨持的实体存在。

⑤ **照见**：透彻地体认。欧阳竟无曾提出"照见"的两个特征，他说："此经照见，皆亲缘现见，非比量见。般若能现世间实相，行相应于般若时，亦现世间实相，故云照见也。"

这是说，从认识方式来看，"照见"不是通过比较推理，而是当下即刻完全看见（佛典又将这种认识方式称为"现量"）；从认识结果看，"照见"是透过般若智慧的观照，使世间一切存在现象的实际情态呈现出来。据此二意，我们把"照见"译为"透彻地体认"。

⑥ **五蕴**：蕴，聚集或类别之意，同种性质的一类事物聚集在一起，叫作一蕴；五蕴，即色蕴、受蕴、想蕴、行蕴和识蕴，这是佛典对人生生命的一种分析法，即将人生生命分解为色、受、想、行、识五类事物的积聚，说明人生生命是一个多种元素间的相互关系和相互作用，生命现象里并无主宰性的实体自我存在。

世亲在《大乘五蕴论》里说："云何色蕴？谓四大种及四大种所造诸色。云何受蕴？谓三领纳：一苦、二乐、三不苦不乐。云何想蕴？谓于境界取种种相。云何行蕴？谓除受、想，诸余心法及心不相应行。云何识蕴？谓于所缘境了别为性，亦名心意。"

这即是说，色蕴是指地、水、火、风这四种基本物质元素，以及这些物质元素聚合而成的有形事物（此处指身体）；受蕴是人对一切内在和外在刺激所具有的或苦，或乐，或不苦不乐的三种感受功能；想蕴是指人对感官所接触到的一切事物进行造像的功能；行蕴是指不断迁流变动中的各种造作性的心理活动，也就是人的各种意欲活动功能；识蕴是指人对一切认识对象进行认识的功能。

概略言之，色蕴是指物质元素和物质元素构造的有形身体；受蕴指人的感受功能；想蕴指人的造像功能；行蕴指人的意欲活动功能；识蕴指人的认识功能。五蕴之中，色蕴指人生生命的物质方面，其余四蕴则指人生生命的精神方面。

⑦ **空**：竟无居士在《大般若经叙》中总释般若类经典中的"空"字，指出般若之"空"有两层含意："般若者，智也；智也者，用也；用也者，以空为具，非以空为事也。是故空有二义：非义、不义、无义之空，空亦应空；如义、实义、涅槃义之空，空不必空。"

这是说，般若学中的"空"，一方面指对一切存在现象的绝对否定，说明一切存在现象因缘而起，没有自性实体；另一方面则指一切存在现象破除实体偏执以后的实际情态，在这个意义上，它不是对一切事物的纯粹否定，而是和一切现象融成一片，这个意义上的"空"也就是"如"。按，竟无居士此说对理解《心经》中的"空"字也完全适用。

⑧ **苦厄**：各种痛苦逼迫和系缚。此取圆测说，圆测以二义解释"苦厄"："一曰苦即是厄，故名苦厄；二曰苦即是四厄，所谓欲、有、见及无明，如是四种系诸有情令受诸苦，犹如车轭。"细考圆测释意，实际上是

分别用"逼迫"和"系缚"来解释经文中的"厄"字。

逼迫，是说众生的各种烦恼痛苦逼迫人的身心，使他不得安乐；系缚，是说众生的烦恼痛苦犹如车轭一样系缚着他，使生命不得自由。

苦，佛典中有三苦、八苦、百苦之说，大意指众生由于贪欲（欲）、执着（有）、偏见（见）和愚痴不觉（无明）给身心带来的种种烦恼痛苦；佛典中所谓"苦谛"即以烦恼痛苦表征一切众生生命世俗存在状态的基本品性。

译文

观自在菩萨在修行深广无边的般若观法时，透彻地体认到构成一切众生的五种要素本身都是空无自性的，并以缘起性空的般若智慧度脱众生的一切苦难。

原典

舍利子①，色②不异空，空不异色；色即是空，空即是色。受、想、行、识，亦复如是。

　　① **舍利子**：人名，即舍利弗，他是佛的十大弟子之一，以智慧著称，在佛弟子中被誉为"智慧第一"。

　　② **色**：同上文色蕴，指构成人生生命的物质元素和物质元素聚合而成的有形身体。下文"受想行识"仿此。

译文

　　舍利子，"色"（即构成众生身体的物质要素）与"空"没有差别，"空"与"色"也没有差别。不是说"色"之外有"空"，而是"色"本身即是"空"；也不是说"空"之外有"色"，而是"空"即是"色"。因为佛教所说的"空"，并非一无所有，或某物消失了才是"空"，而是指"因缘性空"。而众生身的"色"，乃是因缘而起，没有自性的，所以说"色"即是"空"。构成众生身的其他四蕴——受、想、行、识也是一样，都是因缘而起的，没有自性，故本身即是"空"。

舍利子，是诸法空相①，不生②不灭③，不垢④不净⑤，不增⑥不减⑦，是故空中无色，无受、想、行、识⑧；无眼、耳、鼻、舌、身、意；无色、声、香、味、触、法⑨；无眼界，乃至无意识界⑩；无无明，亦无无明尽；乃至无老死，亦无老死尽⑪。无苦、集、灭、道⑫；无智亦无得⑬。以无所得故，菩提萨埵，依般若波罗蜜多故，心无挂碍⑭；无挂碍故，无有恐怖⑮，远离颠倒梦想⑯，究竟⑰涅槃；三世诸佛，依般若波罗蜜多故，得阿耨多罗三藐三菩提⑱。

注释

①**空相**："空"的相状，这是以"空"表征事物的实际状态。

②**生**：从无到有。

③**灭**：从有到无。

④**垢**：五蕴生命因染污而不清净。

⑤**净**：五蕴生命消除染污而清净。

⑥**增**：（指五蕴生命的内在力用）增加。

⑦**减**：（指五蕴生命的内在力用）减损。

⑧ **是故空中无色，无受、想、行、识**：据圆测说："此即第一遣五蕴门，谓诸法空具六种相，是故空中无五蕴法。"这是说，本句根据一切法本来性空的"空"之相状排遣色、受、想、行、识这五类事物的存在。

法藏解释本句说："无色等者，彼真空中，无五蕴等法，此就相违门，故云无也。理实皆悉不坏色等，以自性空，不待坏故。"这是说，"空"已与五蕴法融成一片，二者之间不再有任何隔碍和对待，所以在一切法"空"的相状里，再也找不到色、受、想、行、识这五类事物的独立存在了。

⑨ **无眼、耳、鼻、舌、身、意，无色、声、香、味、触、法**：据圆测说："此即第二遣十二处故。"这是说，本句根据一切法本来性空的"空"之相状排遣眼耳鼻舌身意、色声香味触法这十二处事物的存在。

十二处是佛典的一种分析法，它通过分解构成认识的主客观十二个元素，说明一切存在现象（主要指人的生命）均无实体。处，处处。六根（眼耳鼻舌身意）、六尘（色声香味触法）是一切现象得以构造的基础或处所，所以十二个元素同名为"处"。

⑩ **无眼界，乃至无意识界**：据圆测说："此即第三遣十八界。"这是说，本句根据一切法本来性空的"空"之相状，排遣从眼睛到意识这十八种事物的存在。

十八界是佛典的一种分析法，具言之，十八界是指眼界、耳界、鼻界、舌界、身界、意界，色界、声界、香界、味界、触界、法界，眼识界、耳识界、鼻识界、舌识界、身识界、意识界。这是通过将宇宙万象拆解为十八个构造元素，说明一切存在现象（主要指人的生命）均无实体。界是种性、类别或元素之意。

⑪ **无无明，亦无无明尽；乃至无老死，亦无老死尽**：据圆测说："此即第四遣缘生门，然此缘生自有二种，一者流转，二者还灭。由无明故能起诸行，乃至由生为缘老死，如是顺流五趣四生，如满月轮，始不可知，于空性中无此流转，故经说言无无明乃至无老死；由观智力令无明灭，无明灭故，诸行亦灭，如此乃至由生灭故，老死亦灭，此即轮前还归涅槃，故名还灭。于空性中无此还灭，故经亦说无无明尽乃至亦无老死尽。"

这是说，本句根据一切法本来性空的"空"之相状排遣人生生命十二个缘生环节的存在。十二缘生法，又名十二缘起，这是佛典对人生生命业力延续三世因果的一个分析。

大意说，人生生命的业力延续有十二个环节：由愚痴（无明）为缘，就有或善，或不善，或非善非不善的各种行为造作（行）；由于各种行为造作，就有了各种分别识的生起（识）；由于各种分别识的感召力，于是发生认识作用的名言概念和物质载体就产生出来（名色），这就有了作为认识发生依据的六种感觉器官（六处）；六种感觉器官与一切内在和外在的境界相互接触（触），这就产生了各种各样的感受（受）；对于快乐的感受产生贪恋（爱），于是就牢牢地执取着外境的存在（取），这样就重新策发起各种各样的行为（有）；这些行为就会导致生命的重新更生（生），生的后果就是衰老死亡等种种苦恼（老死）。

十二缘生说，旨在解释生命延续的原因、方式和后果，说明这种由愚痴和业力导致的生命流转是不真实的，生命的整个流转变异过程中，并无实体性的自我存在。圆测用十二缘生的流转和还灭分别解释无无明、无老死和无无明尽、无老死尽，但也可以把无无明尽、无老死尽解释为"没有愚痴不觉的这个念头也没有了；没有衰老死亡的这个念头也没有了"。本译即采取这一解释。

⑫ **无苦、集、灭、道**：据圆测说："此即第五遣四谛门。如何说此四谛门者，如《法华经》为求声闻应说四谛，今此经中为显法空遣四谛法。"这就是说，本句根据一切法本来性空的"空"之相状，排遣四谛法即四种真实道理的存在。

四谛即苦谛、集谛、灭谛、道谛。据佛典载，四谛是佛成道后为弟子们最先所说，四谛说明世俗生命的基本特征是（苦），造成苦的原因是贪欲、嗔恨、愚痴和不觉等各种烦恼及业力（集），生命摆脱各种缺失和痛苦之后的自由状态是（灭），以及引导到这一状态的方法或道路是（道）。谛是真实不虚之意，这是说，佛所概括的生命，由痛苦缺失状态到绝对自由状态的四条道理，是真实而不虚妄的。

⑬ **无智亦无得**：据圆测说："此即第六遣智断门。如何说此智断门者，如《法华经》为诸菩萨说六度法，今此经中为显法空遣智断门。"

这是说，本句根据一切法自性空的"空"之相状排遣智断门法的存在。圆测所谓"智断门"，法藏则称为"境智能所门"，法藏说："非但空中无前诸法，彼知空智亦不可得，故云无智也，即此所知空理亦不可得，故云无得也。"

文才为法藏这条疏所作的记中进一步解释法藏的话说："彼知空等者，即甚深般若，能了真空相中无诸法者，此亦绝也；即此等者，释亦无得，盖亦不得于所了真空之理也。由真智内亡，如境外寂，无智无得，迥然双绝也。"

法藏之疏、文才之记都说明在运用般若智慧透视一切现象的实际存在情态时，不再有认识上主观方面的智，也不再有认识上客观方面的理，这是彻底消除主客能所对立之后的特殊认识状态。按，法藏、文才此说可从。

⑭ **心无挂碍**：心灵突破了烦恼障碍和认识障碍，不再有任何系缚和桎梏。法藏释此句说："言心无挂碍者，行成也，谓惑不碍心故，境不碍智故。"

意思是说，贪欲、嗔恨、愚痴等各种烦恼不障碍于心、外境不障碍于智的状态是般若智慧和般若观照已经成熟的状态。圆测承法藏此意，更加明确地提示说："挂碍即是惑智二障。"法藏、圆测都是以烦恼障（惑）、所知障（智）两种障碍解释"挂碍"，众生由于各种烦恼障碍于心，所以生命不得自由；由于认识上的各种障碍（其中最主要的是对一切存在现象的实体执着），所以无法体认一切存在现象的实际情态。

朱珪解释此句与以上二师稍异，朱珪说："人之所以诸多障碍者，总为迷闷执着。盖执着此顽浊之身，以为真我，遂从六根起贪欲心，起嗔恨心，起利名心，起求谋造作心，起嫉妒他人心，起损人利己心，而此心如同蛇蝎，如在桎梏，无往而不挂障矣。若知此身非我，不久腐朽，受用与性无涉，造孽将来正苦，自能外形骸，以理自守，而挂碍少也。况智慧日长，则见地日高，始而不为境转，继则不为法缚，始而不滞于有，并且不着于空，身世间何一足羁绊者乎？"

详究朱珪此释之意，似偏重从有障碍之心处处受系缚、受桎梏、遭羁绊的后果来解释"挂碍"。按，以上二说各有道理，应并从之。

⑮ **无有恐怖**：不再有各种怖畏情绪，也不再有患得患失的念头。圆测以"怖畏"释此句中"恐怖"，并引《佛地论》说有五种怖畏，即：一、对生命遭受各种危险的怖畏（不活畏）；二、对坏名声的怖畏（恶名畏）；三、对死亡的怖畏（死畏）；四、对死后生命将沦没于恶的存在状态之怖畏（恶趣畏）；五、对与其他人相处的怖畏（怯众畏）。

按，《佛地论》五种怖畏说实即提示生命世俗存在形式中几种基本的怖畏情绪。朱珪释"恐怖"与此稍异，朱珪说："盖贪求名利之心，日甚而不已，遂生患得患失之心，无忧生忧，无患生患，防患过甚，用意刻深，作事不顺，遂真有可忧可患之事丛集于身，而恐怖愈甚，求此心一日之安而不可得。"

推究朱珪此释之意，似较偏重从众生日常生活中心理上的患得患失念头解释恐怖，比圆测据《佛地论》所作之释更细更密。按，以上二说应并从之。

⑯ **颠倒梦想**：颠倒、错失的思维和观点，如同梦中的思维一样。据佛典说，这些颠倒错失的思维主要包括：在没有实体自我的一切生命现象中，错误地执着有

实体自我的存在；在没有自性实体的一切存在现象中，错误地执着有自性实体；在本来无存在的事物中，错误地执着它的存在性；在有存在的事物中，错误地排斥它的一切存在规定性等。

正是以上各种颠倒错失的思维和观点，障碍了人们对存在实情的体认，从而使生命永远处在如同梦想的错失状态，不得真正的自由（以上采圆测说）。

⑰ **究竟**：法藏举出这个词的两种解释，他说："涅槃，此云圆寂，谓德无不备称圆，障无不尽称寂，简异小乘化城权立，今则一得永常，故云究竟；又释，智能究尽涅槃之际，故云究竟。"

按，法藏的第一个解释是以"究竟"作"涅槃"的修饰语，说明这里所说的"涅槃"是最高、最圆满的；朱珪以"不生不灭，圆明寂照之地"释"究竟涅槃"；竟无居士以"无住涅槃"释"究竟涅槃"，也都是以"究竟"为"涅槃"的修饰语，意思是"最高、最圆满"。法藏的第二个解释是以"究竟"作动词用，表示用般若智慧和般若观照深入体证之意，详考经文语意，以法藏的第二释比较妥当。

⑱ **菩提**：觉悟之意，法藏释此处觉悟有二义，"一正觉，即如理智，正观真谛；二等觉，即如量智，遍观俗谛，而皆至极无边，故云无上也"。

意思是说，此种最高、最圆满的觉悟不仅能透彻体认一切法本来性空的普遍性，且能透过普遍性而认识一切存在现象的特殊规定性。

译文

舍利子，一切诸法都是因缘生起，没有自性的，因此既不产生，也无所谓消灭；既不会被染垢，也无所谓清净；既不增多，也无所谓减少。既然一切都是因缘而起的，因此，诸如色、受、想、行、识五蕴，眼、耳、鼻、舌、身、意六根，色、声、香、味、触、法六境，眼识、耳识、鼻识、舌识、身识、意识六识，以及由六根、六境、六识所构成的十八界等，都是空无自性的；连无明之体也是空的，也不存在断尽无明问题；以至于生、老、病、死也只是一种假相，也无所谓摆脱生、老、病、死问题；苦、集、灭、道四圣谛也只是一种方便设施；既无所谓智慧，更不能有所执着、有所获得。因为无所着、无所得，菩萨修习般若智慧时，心中没有任何障蔽、挂碍，因其无障蔽、挂碍，所以菩萨能无所畏惧，远离一切颠倒梦想，入于究竟涅槃。过去、现在、未来的一切佛，也是依据此种般若智慧和般若观法，得到最高最圆满的觉悟。

原典

故知般若波罗蜜多是大神咒，是大明咒，是无上咒，是无等等咒①，能除一切苦，真实不虚，故说般若波罗蜜多咒②，即说咒曰：揭谛揭谛，波罗揭谛，波罗僧揭谛，菩提萨婆诃③。

注释

① 是大神咒，是大明咒，是无上咒，是无等等咒：法藏总释这几句说："一、除障不虚，名为神咒；二、智鉴无昧，名为明咒；三、更无加过，名无上咒；四、独绝无伦，名无等等咒。"

这是说：般若能彻底清除众生内心中的各种障碍，具有极大的威力；般若能使众生保持认识上的高度觉悟和活跃状态，具有极大的威力；般若超过了世间的一切事物，具有极大的威力；没有任何言说道理能够与之相抗衡，它具有极大的威力。

咒，指不能以言语说明的特殊灵力之秘密语。乃祈愿时所唱诵之秘密章句。又作神咒、禁咒、密咒、真言。系向神明祷告，令怨敌遭受灾祸，或欲祛除厄难、祈求利益时所诵念之密语。据文才说："且世之咒术，尚能止患，禁蛇蝎而毒消，咒疮癣而痛息；如来密言，灭三障而获安，求万事而果满，复何疑哉？"这说明，这几句话中的"咒"字都是借用咒作譬喻，说明般若（具有明见一切事物及道理的高深智慧）有极大威力。

②**故说般若波罗蜜多咒**：据法藏说，经文从这句起分为上下两部分，上部分为显了般若，下部分为秘密般若。法藏并解释二种般若的功用差别："所以辩此二者，谓显了明说，令生慧解，灭烦恼障；以咒秘密言，令诵生福，灭罪业障，为灭二障，成二严故，说此二分。"

二严，即是用福德智慧庄严之意，这是说，显了般若能帮助众生产生正确的认识，清除一切烦恼障碍；秘密般若能使众生通过诵读产生福德，清除过去各种邪恶行为带来的业力障碍。所以经文前后讲两种般若，旨在以福德与智慧庄严一切受持者之生命。按，法藏此说可从。

③**揭谛揭谛……萨婆诃**：圆测举出对咒的两种看法："一曰：此颂不可翻译，古来相传，此咒乃是西域正音秘密辞句，翻即失验，故存梵语；又解咒中说诸圣名，或说鬼神，或说诸法甚深奥义，言含多义，此方无言正当彼语，故存梵音。一曰：诸咒密可翻译，如言南无佛陀耶等。"圆测自己随后作出了咒文的翻译。

法藏一方面指出，此咒"是诸佛秘语，非因位所解，但当诵持，除障增福，亦不须强释"，另一方面却也"勉强"作出了解释。近人竟无居士从法藏和圆测说，也对咒文作了注释。

唯独清代朱珪在其《心经注解》中明确提出："咒语不必强解，至心虔诵，智慧不可思议，神应不可思议也。"朱珪之说，依据"五种不翻"里"秘密不翻"之惯例，细考法藏所说两种般若的用意，应从朱珪说，以不翻为妥。

译文

因此，般若波罗蜜是一种最高的智慧，威力无比、非语言文字所可表述，能度脱众生的烦恼苦难，真实不虚，随后即说般若波罗蜜多咒曰：揭谛揭谛，波罗揭谛，波罗僧揭谛，菩提萨婆诃。

源流

《心经》是中国佛教徒极为喜爱的一部经典，唐宋以后千余年中，中国佛教徒在日常行持中大都以日课对待之；《心经》也是中印佛教思想深切关涉的一部般若要典，因此历代之注释甚多，重要注疏著作不下百种。然《心经》之诠释系统虽宏富繁复，细加分疏，则其诠释方向不出两大路向：其一是本于《深密》三时说的解释方向，这可以说是继承着印度佛学的解释传统；其二是本体论的解释方向，这是发挥中国佛学特异思维的解释传统。

　　本于印度佛学思维的《心经》解释系统当以玄奘大师的高徒圆测为其代表。圆测在所撰《佛说般若波罗蜜多心经赞》中开宗明义般地指出："如来说三法轮：未入法者令趣入故，波罗奈国施鹿林中创开生死涅槃因果，此则第一四谛法轮，能除我执；为已入者回趣大乘，鹫峰山等十六会中说诸般若，此是第二无相法轮，由斯渐断有性法执，而于空执犹未能遣；是故第三莲华藏等净秽土中说《深密》等了义大乘，具显空有两种道理，双除有无二种偏执。"圆测的说法跟《解深密经》"三时佛说"的观念完全一致，圆测根据《深密》三时的印度教法判摄标准，把《心经》判归第二时中破有执之"无相"空教。圆测认为在全部般若中，《心经》无疑是最优胜的，但从佛教陈说方式的多样性来考虑，则《心经》"空有相即"的理论模式仍然是有缺陷的，它能引导人们破除有执，但却不能引导人们从"空"的深密执着中摆脱出来。

唐代华严宗创始人法藏为《般若心经》提供了第一个本体论式的解说系统，到了元代，真觉大师文才又对法藏的解释作了细密的补充，使得法藏的系统更具体、更完整，他们的说法收集在《般若心经疏记》一书中。法藏在该书中说："夫以真源素范，冲漠隔于筌蹄；妙觉玄猷，奥赜超于言象，虽真俗双泯，二谛恒存；空有两亡，一味常显。"法藏这几句话表明了他解释《心经》的基本态度。其一，法藏以"真源""妙觉""真俗双泯""一味常显"的本体境界作为《心经》诠释的理论归向。在此，文才引了法藏的另一著作《法界观序》作为侧证。在《法界观序》中，法藏说："菩萨见空莫非见色，见色莫非见空，以二谛互融，故事理无碍。"法藏此处"二谛互融、事理无碍"的说法同"真源""妙觉""双泯""一味"等词的意思是完全一致的，它们都同样指彻底破执以后呈现出来的本体境界。其二，法藏在他的解释中明显用"真俗"一对概念替换了"空有"一对概念，《心经》谈空说有，其本意与诸部般若教法的旨趣是一致，即都着眼于破斥对"空、有"概念的实体式执着，然而法藏用"真俗"概念来解释"空有"，则在相当程度上改变了《心经》的文意方向，文才指出："二谛约法体以明，空有约义相为目。"这里"法体"与"义相"的分疏准确地点示出法藏《心经》诠释的血脉所在，"法体"也就是"本体"之意。

继承了法藏开创的本体论《心经》解释传统，并且把法藏的这一精神传统进一步与中国佛教的思想方式密切融合起来的，当推清代禅宗学人朱珪的《心经注解》。朱珪把般若对"空""有"观念的破斥直截了当地领会为对治心中的烦恼，又把法藏融合境智、事理无碍的"法体"体会为"心体"，他说："此经专以智慧到彼岸为治心之径要也。摩诃，大也，一心能悟，则大千世界，悉在心中消陨，无尽劫之前窗后壁一概打穿，岂私智小慧可及？故曰大。此经讲明心体，该括诸经。"这样，按照朱珪的理解，《心经》就成了讲明心性、推究心体的经典，它同发明本心本性的禅宗类经典就不再有丝毫的壁垒和区别。大兴朱珪的"心体"说既是千余年来中国禅徒以《心经》为日常课诵的修持方法之历史反映，又是本于禅思维的华化佛教《心经》诠释之创造性成果。朱珪以"治心"说"破执"，以"心体"说"法体"，把立足于中国佛教思想的本体论《心经》解说路向推到了最高峰。

现代佛学大师欧阳竟无由独标唯识到空有并重，融通龙树学与无著学，其《心经读》正反映了大师的这一心路历程。简单说来，竟无的解释原则"般若表胜谛，三科三乘毕竟空，胜谛一味平等而无所得故；瑜伽诠法相，三科三乘如幻有，法相万别千差而不可乱故"。准此，则《心经》的解释一方面要注意其"空有"的"一味"性，另一方面又不能把这"一味"理解为本体式的"一味"，而要特别强调"毕竟空"即是"一味"。竟无的这一立场既承自圆测法师而来，又出自他融通空有的生命体验，其立说为现代《心经》诠释中不可多得的珍品。

《般若波罗蜜多心经》与《金刚经》同为《大般若经》中阐述"无自性空"的两部，因此，从"共"的一面来说，《心经》《金刚经》与大、小品并无本质上的区别，它们同样从大般若智慧中流出；从"不共"的一面来看，《心经》与《金刚经》在般若系经典中则自有其独异的地位。《金刚经》指示"无住生心"，虽生心而无住，虽无住而生心，将智慧与慈悲融成一片，为生活实践中的般若行持及人间社会里的般若应导提供了理论的指南；那么《心经》的"不共"性又何在呢？

　　《心经》劈面提示观自在菩萨的般若观行实践，观自在菩萨"照见五蕴皆空"，这句话是我们理解《心经》之特异精神的钥匙。佛典以"五蕴"解说生命，"五蕴"是色蕴、受蕴、想蕴、行蕴和识蕴。简略地说，"五蕴"

竟指包括肉体生命和精神生命在内的人生生命统一体，因此，"五蕴皆空"既指排除一切执着后的人生生命之本来形式，又指破除执着的人生生命之实际过程。在生命上解说破执，而不仅仅泛泛地在外在事物上解说其"无自性性"，这是《心经》观行理论的特异点。

其次，《心经》"在生命上解说破执"又不仅仅是一套空洞的学理，《心经》以"观自在菩萨行深般若波罗蜜多时照见五蕴皆空"为开题，全经意味着菩萨的般若修行实践，即指菩萨在其生命中实践着破执扫相的般若工夫，因此，《心经》在般若系经典中的"不共"性还在于它从实践上揭示了或暗示着在生命力上用功的般若修行工夫。

当代佛学行者刘大任先生对《心经》上述理论与实践上的"不共性"有着殊胜的体会，在为《弘扬三宝文选第一辑》所作的《后记》中，他指出：

佛教的典籍浩繁，义理博大精深，但只要真心归信，如说修行，就会知道佛陀所说的话并不是深奥空泛的大道理，而是可行可证的对治自己身心毛病的良药。

一般的人，尤其是一些知识分子，往往喜欢把佛教当作学问来研究，其实，佛陀言教的目的，并不是供人去研究的，而是叫人们向内在生命力上用功，努力践行，解脱生死烦恼的束缚，把消极的、被动的随业力流转的生命活动，转化为积极的、主动的受愿力支配的生命活动。突破一期生命的此方世界的时空概念，从十方三世、刹那生灭时空观去认识生命力的转换，那么，对六道轮回、三世因果的说法就会深信不疑了。

把精神力量集中在自己的生命上，在生命上切实用功，把消极的、被动的受业力支配的生命活动转化为积极的、主动的受愿力支配的生命活动，这就是《般若心经》在五蕴生命上解说扫相破执的理念意旨，《心经》之修行方式通过转换生命力为生命之真正进化提供了永恒的可能性！

附录

1 心经说略述^①

程恭让

　　大兴朱珪朱文正公，为清乾隆嘉庆间名臣硕学，笃信佛法，所著《心经注解》（含《心经说》）本六祖以来禅讲般若之传统，发挥性体真义，于《心经》古今各大注疏家中独树一帜。特别是其《心经说》文字流畅，活泼圆融，见地独到；以工夫说般若之"空"，别开生面；辨儒佛异同，颇能一贯。在有关《心经》汗牛充栋的注疏著作中，朱珪所说实为不可多得。

　　朱珪的《注解》解释经题中的"心"字与其他各家大不相同。古今各大《心经》的注家，如法藏、圆测、文才、竟无居士等，无不以"心"为枢纽、统摄、尊胜之意，大意是说《心经》为《大般若经》之枢纽，《心经》义旨是以提挈统摄《大般若经》全部，《心经》在《大般若经》中最为尊胜等。

朱珪则说："此经专以智慧到彼岸为治心之径要也。摩诃，大也，一心能悟，则大千世界，悉在心中消陨，无尽劫之前窗后壁一概打穿，岂私智小慧可及？故曰大。此经讲明心体，该括诸经。"

据此，则经题中之"心"字容有二义：一为治妄心，一为发明真心。然二义之间未有隔碍，治妄即所以显真，显真即所以治妄，治妄、显真本来一而不二。

所释"观自在菩萨"一句最得此意："然作观看自心之在不在解，亦最切要。盖心如猿马，不在腔子里者居多，如目才着色，而一个自己不见矣；耳才着声，而一个自己又不见矣；以至鼻着香、色着味、身着触、意着事，而自己时刻不见，时刻不在，哪能见自本心？若能时刻观看自心之在不在，则不为外境牵引，转物而不为物转，由是而观世间之音声，则世音于性中自有生灭，而吾自性之常在者非有生灭。"

如此，则所谓治妄心、显真心，无非是看此心之在与不在，到彼岸之般若法门，也无非是看此心之在与不在的办法。

《心经说》劈面揭破《心经》之宗旨为"直指人心本体，欲人认着自己本来面目也"。此后千言万语，都在发挥这一句话。朱珪说，人之在世，认得许多人、许多物，独有一个自己不曾认得。

这里所谓"自己",既观照在与不在之"自己",也就是"人心本体,本来面目"。人心本体,既然人人具足,个个圆成,为什么人自己却反而不认得它呢?

朱珪解释说:"以六根分散,六尘胶扰,五蕴遮蔽,全体已被隔越,弄得零星段落,昏昏浊浊也。""昏昏浊浊"四字描写生命的日常生活状态,亦即世俗生活状态,因为生命就其构成来说,正是色、受、想、行、识这五蕴的一个聚合体,所以这个"昏昏浊浊"的世俗生命状态也被称为"蕴浊"。

本此意以释"五蕴"是朱珪全部注解中的最重要段落,"五蕴"要致力解释"人心本体"被障蔽的根本原因:"人性如海,寂照含空,遍周法界,本无一物。自无明一起,遂闭于顽钝之躯,于是得其根之利者,而眼能辨色焉,耳能听声焉,两质相碍,见不超色,听不出声,遂有山河大地之妄色积于中,而成劫浊矣;根尘既接,遂有违顺苦乐之妄受积于中而成见浊矣;心中揽取六尘虚影,计算筹度,遂有妄想积于中,而成烦恼浊矣;此心日为风力所鼓、生机不断,念念迁流,遂有妄行积于中,而成众生浊矣;心中含藏善恶诸法,遂有妄识积于中,而成命浊矣。其实五蕴在吾湛性中,如空中现花,欲结空果,了不可得,苟会得佛知见,凡妄念一起,即知其落在何蕴,即知其与本来面目不相应,即荡涤无余。"

如此，则五浊恶世不离众生五蕴，众生五蕴不离——"无明"之"妄念"，"无明""妄念"不离我之一心，我心不离我之真性，所以只须在此五蕴生命上反复用功、反复推究，打破躯壳执着，打破妄心妄念，即可恢复五蕴生命中本自具足的湛然真性。

因此，所谓"五蕴皆空"，并不是要去空掉五蕴生命，也不是要空掉人人本具的真性："佛所云空者，乃空去心中污秽，而见全性也。""将纷飞之心，究纷飞之处，究之无处，则纷飞之念安存？返究究心，则能究之心安在？"

如此，则"空"的目的只在荡涤一切妄心妄念，所谓一切皆空，所谓五蕴皆空，都无非要推究得种种妄心、妄念没有些须安身存留之处。

人之真性不离五蕴生命，六根发觉、举足下足，无非真性之流露；但要见真性全体，则必须回光返照。譬如日光普照，可以窗见，可以户见，然而要睹日光之全体，则必须否定窗户，站到大地上仰头而观。若执着目所见色、耳所听声，而不去做回光返照的工夫，则必然终身不窥性体。

据此，《心经》全文即可视为开发此全体真性的两个步骤：色即是空，空即是色，色空不异，乃至受想行识等，这是说明真性不离五蕴生命，就是提示人们从五蕴生命，六根发觉处体会到真性本体的存在；是故空中无色，无受想行识，乃至广说，这正是真切提撕回光返照的工夫。"一面借六根透光处，验取自性，既知自性，便住内心，随将事物一切放下。"

朱珪随即以十八界法例释道："如眼见色，见色即性，即将见色之心拽转来，观照自性，而无眼无色，无眼识界；耳闻声，闻声即性，即将闻声之心拽转来，观照自性，而无耳无声，无耳识界；……意辨法，辨法即性，即将辨法之心自追勘，究在何处，而无意无法，无意识界。""随将事物一切放下"，这就是"空"："空"即是回光返照的工夫。

所谓"空"，所谓"随将事物一切放下"，所谓"回光返照"，其根本意思无非是要推究得一切妄念无丝毫存留余地，也就是将"心中污秽"打扫干净，这样就把般若之"空"解释成了一切众生向五蕴生命用力的工夫，般若之"空"打扫一切妄心妄念的结果，乃使心体彻底呈现出来，心体也就是全体真性。

正是在这个意义下，朱珪把《心经》和《金刚经》都一并看成提示工夫的禅家文本，朱珪说："此经与《金刚经》大略相同。《金刚经》一面说般若波罗蜜，一面即翻去曰：即非般若波罗蜜；一面说世界，一面即翻去曰：即非世界；一面说大身，一面就翻去曰：即非大身。

"以般若波罗蜜及世界、大身等字，俱是习染所成，即属心中污秽，即为眼中金屑，即属语言文字，始虽不得已而假之以明道，终非道体，即须翻落也；譬如指月示人，是人因指要当见月，不可认指为月，佛菩萨借语言文字以显道，人诵其语言文字当即见道，不可以语言文字为道也。

"此经将所有名相，一举而空之，即《金刚经》尽行翻落之意，乃所以显明心体也。"在此，说《心经》"将所有名相一举而空之"，说《金刚经》"尽行翻落"都是站在般若工夫这个角度上立论的。

融儒谈佛、对勘二家大旨是《心经说》的又一要义。如论儒家天理人欲之说，即以人欲净尽为打扫"心地"。然《心经说》议及儒佛二家大义均非泛泛而论，既然心体心性不离五蕴生命，那么为什么不就从规范五蕴生命的仁义礼智上用功，从心性发露的情字上用功，而一定要首先一切空之呢？

朱珪说，仁义礼智固然是性的特性（"性中之德"），"殊不知此性落在人身，气禀拘之，物欲蔽之，六根六尘，分散隔越，已弄得零星段落，纷纭混浊，欲认清性之全体，已极不易，况性中之德；从情上求，尤不易见"。

这即是说，心体心性虽然不离五蕴生命，但由于气禀和物欲的干扰引诱，此种五蕴生命上所发动的一切外在行为，究竟在多少程度上可看成真心自性的流露就成为问题，即此一点，已证明六祖先发明心体、立定脚跟的禅家立场之必要性。其次，儒者致力于从恻隐羞恶等性所发端处扩充，但事实上确有人看见孺子入井而漠不动心，这说明儒家所行并不是人人适用，儒者从人情发端处存养扩充这一套修养工夫只有或然的可行性。

与之相反，佛家"随将事物一切放下"的"空"工夫则向五蕴生命的六根发觉处着力，五蕴六根人人具足，这一点已足以保证《心经》提撕的"五蕴皆空"这一彻底的打扫工夫具有普遍有效性。

然而这并不排斥一部分质地纯粹的人可从儒门立行，以至于成贤成圣。朱珪说："人欲净尽，仍是蕴浊皆空，与佛家不异。"儒家在其至高境地上与佛没有根本的差别。

据此，朱珪乃总结儒佛异同之辨："儒家先起行，后见性；佛家先见性，后起行。""佛家先空蕴浊，见自全性，而后大显夫仁义礼智之功，与儒门不过用功先后之不同。"然佛家以"空"为标志的打脱妄心妄念工夫较之儒者所行则不仅更具可靠性，而且有绝对的普遍适用价值。

石埭杨仁山居士曾经说："《心经》与《金刚经》

注解最多，当分三类：一曰正解，二曰俗解，三曰邪解。"②徐文霨更以为《心经》之"古今释者虽众，俗解邪解殆十之九，可称正解亦无多。"③唐宋以后，降至明清，各家著述大都驳杂鄙陋，仁山、文霨之说可谓深得实情。

据此而论，大兴朱珪之《心经注解》（含《心经说》）本诸僧肇、六祖以来向内心解说般若的禅家传统，其以工夫释般若之空更是六祖"自性般若"思维的发挥极致。因此，在《心经》的诠释系统中，乃至于在整个般若学的诠释系统中，朱珪的《心经注解》都具有较高的地位和价值。

注释

① 根据大兴朱珪《心经注解》（内含《心经说》）写成。

② 法藏、文才《般若心经疏记》书尾案语，金陵刻经处版。

③ 注同②。

2　般若波罗蜜多心经讲录

太虚

　　今说此经，先说经题，次说经文。经题即"般若波罗蜜多心经"八字，先分说，次贯通说。分为四：一、般若，二、波罗蜜多，三、心，四、经。

　　一、般若：梵音，译曰智慧。今仍用般若者，古人翻经，有五种不翻，此即尊重不翻之例。又因世间所称智慧，非纯善的，佛菩萨之甚深智慧，离过绝非，体性清净，圆明寂照，不可思议，迥非智慧二字所能赅括，故仍用梵音。今欲明般若之义，以横竖二说发挥之。横说为三：（一）文字般若，（二）观照般若，（三）实相般若。

　　（一）文字般若：凡名相皆谓之文字，而万法无非名相也。可分为二种：（1）显义理的，凡以名字语言诠表一切事物之意义者属之。（2）显境界的，凡人心之思想观念，变现一切境界之相状者属之。依此二种文字所发生之智慧，是为文字般若。若依精义说，则从佛菩萨所遗圣教之文字而发生之清净智慧，乃谓之文字般若，亦称真教般若。

（二）观照般若：显现义理境界者为文字，而能观察照了一切文字者，则为观照，文字所显之义理境界差别无量，而观照亦依之差别无量，故所取之境即文字，能取之心即观照；如实了知所取之文字本空，而能取之心亦不可得，是为观照般若。若依狭义言，则依圣教所明之理，向现前身心境界，微细体验观察，所行与所解相应，乃谓之观照般若，亦称真慧般若。

（三）实相般若：所观之文字，与能观之观照，皆从心体同时变起，体本空寂，境自如如，只因无明覆蔽，不自觉知。能于一切文字境界，微细观照，豁破无明，如实了知能所本空，脱然无住，而显现无相实相真常圆明之本体，是为实相般若，亦称真理般若。

以上三种般若，即依心之三分而立。图示于下：

相（文字）　　见（观照）

心（般若）………自证（实相）

　　昔者，陈那菩萨说三分唯识：曰相分，见分，自证分。此文字即心之相分，观照即心之见分，实相即心之自证分。马鸣菩萨说心真如相示大乘体，心生灭相示大乘自体相用：此实相即为心之本体，文字为心之相，观照为心之用，皆从心体上现起，起必同时，虽有起灭，体自圆明。譬如大圆镜，映现万象，所现之影即文字——相分，能映之光即观照——见分，自性明澈之镜体即实相——自证分。以是可悟吾人现前一念心中，本具足三种般若，但能觉照，即得现前。

　　竖说亦分三：（一）加行般若，（二）根本般若，

（三）后得般若。

（一）加行般若：初闻佛法，但有理解，日用境上，未能实现，须修习观行，始能相应。观行功深，欲求观证实相，当起加行，修四寻思观：（1）观一一法但是名，不见名言有实义。（2）观一一法但是义，不见实义有名称。（3）观一一法但是自性，不见法性有差别。（4）观一一法但是差别，不见别有所依之自性。依此四观，寻求推思于一切法，而如实了知一切法唯心所现，无有自体，是为加行般若。广说见《瑜伽师地论》第三十六卷。

（二）根本般若：加行功极，能所空寂，心境销亡，证心实相，是为根本般若。

（三）后得般若：从根本般若自体显现，觉行圆满，成就无上正等正觉，是为后得般若。——以上六种，略明般若二字所含大义竟。

二、波罗蜜多：梵音，波罗者，彼岸义；蜜多者，到义；译曰到彼岸，或到究竟。到彼岸有比喻义，如过渡者，乘舟筏由此岸到彼岸，以比吾人乘般若船，渡出生死流，到涅槃彼岸也。究竟，有成就、圆满、永久之义。世间万事，如谋衣食、研究学问等，凡不能一得永得，一了永了者，皆不能谓之究竟。俗谓到死便休，是以死为究竟，其实身死心不死，又受轮回，仍是未了，亦非究竟；不死之心，即《成唯识论》卷三所谓阿赖耶识流转五趣四生也。故知世间一切有为无常之法，无有能到究竟者。必须依教修行，亲证实相，方得谓之究竟；即经文所谓究竟涅槃及阿耨多罗三藐三菩提是也。

三、心：心之一字，广解无边，实叉难陀译《华严经·十地品》云："三界诸法唯有心故。"《二十唯识论》说之甚详，文繁不述。兹浅略言之，分二种说明：（一）明了分别之心，（二）总持精要之心。

（一）明了分别之心：此心之义，略有四种：（1）肉团心，此属身根所摄，乃八识将身根摄为自体，令发觉受，虽似有知觉，实是物质，无明了分别之作用，不可谓心。（2）思虑心，心之见分，缘前境发生观察思念，人以为心；然境现则有，境灭还无，自体不能成立，但是心中所现起之作用，而实非真心。（3）集起心，谓集积万法之观念，遇缘而现起者也。如吾人以前所闻见之事物，纵远隔数十年，偶一忆及，如在目前，即此心之作用，属第八识。虽能含藏万法影像而不遗失，然起灭无常，究非心之本体。（4）真实心，即圆觉妙明真实心体，常住不变，平等周遍，非思虑集起而能现起思虑集起，非一切法而能变现一切法。

（二）总持精要之心：此心之比义，如肉团心为人身之主宰，故谓之心。《般若经》六百卷，此经能总持其精义，故谓之般若波罗蜜多心。又大藏经文义广博，此经总摄无遗，故亦可谓为群经之心。

四、经：梵语修多罗，译为契经，契理契机之圣教也。契理则无颠倒错谬，契机则能开悟他人。又言法本，谓法之本根；佛菩萨之自证智慧，清净真实，契合正理，从此流出契合群机之言教，可为一切众生之轨范。汉文经字，训常、训法：常则契理，法则契机。法有轨持之义，以轨解持义，使不失故。

次，连贯说明：经之一字为通题，佛经及其他各教之经典皆用之，在三藏中通于经藏。般若波罗蜜多心为别题，不通余经故。而般若波罗蜜多，又为别中之通，般若部经通用故；心为别中之别，专属此经故。般若波罗蜜多，有二义：一、波罗蜜有六：曰施、曰戒、曰忍、曰精进、曰静虑、曰般若；此拣别施等五波罗蜜，惟是般若之到究竟彼岸。二、般若自体，即究竟彼岸。般若波罗蜜多心，亦有二义：一、般若波罗蜜多之心，能总持般若波罗蜜多之广义故。二、般若波罗蜜多即心，是心之本体自相故。《般若波罗蜜多心经》，亦有二义：一、般若波罗蜜多心之经，此经文字，能诠般若波罗蜜多心，表显实体故。二、般若波罗蜜多心即经，凡有文言，皆是实相，经之全体即般若，般若之全体即经，总持万法而当体空寂，无能诠所诠故。

以是可知《般若波罗蜜多心经》，即无相实相常住真心之自体。此经所说蕴等诸法，即所以显示此心，而诸法当体空寂，惟心所现，则全体即是此心，故名《般若波罗蜜多心经》——以上说经题竟。以下说经文：

观自在菩萨，行深般若波罗蜜多时，照见五蕴皆空，度一切苦厄。

此一段为结集此经者叙述此经之缘起。第一句叙说经人，第二句叙所修法，第三、四两句叙所证果。明此经所说非从他闻，非虚妄理想，乃观自在菩萨从自证境界所流出之言教也。

玄奘译观自在菩萨，旧亦译为观世音菩萨。观，即观照之观，非专属眼之功用，乃通于心之作用之总相，如观念、观想、观察等。自在，谓自体常存在，梁译《大乘起信论》说真如自体云："自在义故。"法藏《疏》云："不复循环诸道，生死长缚也。"实叉难陀译《华严经·十地品》说八地菩萨有十种自在，《离世间品》说菩萨摩诃萨有十种自在，文繁不叙。兹略说二义：一、有自体，二、常存在。世间万法，不外色心，色属物质的，心属精神的；就物质的观之，凡所有物皆和合生，能和合者亦和合生，辗转分析至于极微，皆无一定之体相可得，且或分或合成坏无常。就精神的观之，举心动念，必借众缘，随缘生灭，刹那转变，吾人觉有能思量计度之心常时存在者，乃念念相续而成；如以一星之火迅速旋转，视之如轮，乃因星星相续，目迷妄见，实无轮体。故知万法皆仗因托缘而生，惟是和合相续之假相，都无常住之自体。如是观察，万法皆空，所观之法既空，能观之心亦寂，能所不生，真体斯现，圆明寂照，非色非心。万法无不从此流，亦无不还归于此，离一切相，即一切法，则法法无非自体，人人具足圆成。现起非生，销亡非灭，世间相常，是名自在。能所不二，唯一真心，故摄所归能，自在即观；摄能归所，观即自在。行解与之相应，是名观自在。

菩萨，即菩提萨埵之略称。菩提译觉，萨埵译有情或众生——有生命人格的意义，而不限于人类。合说有三义：一、觉悟的众生，二、能以自觉觉他众生，三、上求觉道，下度众生。观自在菩萨，谓观自体常在而得觉悟之众生。上四字表德，下一字表人格也。

行深般若波罗蜜多时：行，功行，修证义。深对浅说，有彻底义。时，分际义，表修证进趣中之某分际。六种般若皆能为究竟到彼岸之远因，故皆可谓之般若波罗蜜多。然文字般若仅当闻位，观照般若当思修位，咸未能彻证心源，故浅；实相般若当于证位，真心本体彻底现前，对前二说名为深。此句谓修证功深，彻底达到实相般若之时也。

照见五蕴皆空，度一切苦厄：照见，不假寻思，当下明了之义。五蕴，即色、受、想、行、识，广说见世亲《大乘五蕴论》。玄奘译五蕴，旧译亦名五阴，蕴，积聚义，阴，覆蔽义；谓积聚身心，覆蔽真性也。空，但遮五蕴虚妄，非谓实有空相虚空等。度，超过远离义。苦厄，逼迫为性，略有三种：一、苦苦，处逆境时，惟苦无乐。二、坏苦，处顺境时，暂受快乐，然欢娱易尽，好事多磨，虑乐失坏，悲感斯生，故仍是苦。三、行苦，处常境时，不苦不乐，但依正无常，刹那变迁，身心不安，是为行苦。依苦境言，复有八种：一、生苦，报得身体曰生，迫于业力不能自由故苦；且诸苦皆依此身而有，故生又为苦本。二、老苦。三、病苦。四、死苦。五、求不得苦。六、爱别离苦。七、怨憎会苦。八、五阴炽盛苦。不了五阴非实，依此身心起惑造业，复感未来生因，故五阴炽盛，又为生本也。以上种种苦果，推究其原，皆依托于五蕴。今以般若光明，照破五蕴当体皆空，故依五蕴而有之一切苦厄，无不超脱远离。此二句乃观自在菩萨依般若波罗蜜多亲证之现量境界。以下即将此境界显说密说，方便教示，普益群生也。

舍利子！色不异空，空不异色；色即是空，空即是色。受、想、行、识，亦复如是。

舍利子，梵语舍利弗。弗，译子，母名舍利，子以母名，故曰舍利子。在佛小乘弟子中，智慧第一，今说大乘般若波罗蜜多，故呼其名而告之。

　　佛说三性：曰遍计所执性，依他起性，圆成实性；处处经中有之。此一段明依他起性，显说五蕴体相本空也。欲穷其理，当先明五蕴。

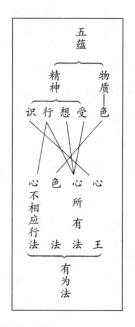

　　观上图，五蕴皆有为法摄；色属色法，为物质的现象；余四属心法，为精神的现象。今就色蕴说明当体即空之理。色蕴以质碍为体；故《成唯识论》称为有对，有对者，有碍也。《百法明门论》曰：色法略有十一种：眼、耳、鼻、舌、身五根，色、声、香、味、触五尘，及法处所摄色也。姑就色尘言之，其相状约有三种，而与表色相反者，另称无表色。图如下：

以上略说色蕴之体相，究其原质，不外地、水、火、风。地者坚相，分析可使失其坚；水者湿相，分析则变成气体；火属热力，心不觉时热相即失；风相轻动，依三大显。如是分析推求，四大相无自体，则依四大为种之色法，自然当下销亡，即相非相，说名为空。性色真空，故曰色不异空；性空真色，故曰空不异色。真色无色，故曰色即是空；真空不空，故曰空即是色。复次，色是假相，空是假名，虽有名相，都无实义，故曰不异。法无自体，惟心变现，故法相即是心相；空无体相，遮法名空，故空名即是法名；名相所依，唯一真实心体，故曰即是。不异，故离一切相；即是，故即一切法。离一切相即真谛，即一切法即俗谛，双遮双照即中道第一义谛。故曰："因缘所生法，我说即是空，亦名为假名，亦名中道义。"

受以受领为体，想以想相为体，行以迁流造作为体，识以明了觉知为体；四者之中，识为心王，受、想、行为心属。乃因不了色蕴非实，领受前进，分别思量，更加造作，结成识种，辗转轮回。今所对之色蕴既空，则能对之四阴何有。亦复如是者，言受不异空，空不异受；受即是空，空即是受也。余类推。

舍利子！是诸法空相：不生不灭，不垢不净，不增不减。

此明圆成实性，正说离相实相自在心体也。诸法，包括世出世间有为无为一切法。本来平等真实，无诸差别，即相非相，故曰空相；空而不空，万物齐现，故又曰实相；即出生诸法，照了诸法，自体常在之本觉真心也。生灭、垢净、增减，皆世俗之假相。此自在心体，圆寂常住故不生，不生故不灭。离一切相，不可染污，故迷时不垢，不垢故悟时亦非净。平等周遍，生佛无异，故在圣不增，在凡不减。

是故空中无色，无受想行识。

自此以下至无智亦无得，明遍计所执性，说五蕴法相及集起之眼等诸法皆无自体，以破我法二执，反显真心也。

是故空中，承上文谓诸法空相之中，诸相非相，唯一真心，则五蕴等法，全体即真，离诸差别，故曰无。此四字直贯至无得句。

世人不了真心，妄执色身为我，贪求名闻利养，造种种业。然试加观察，身由四大合成，地、水、火、风，性相各异，何者是我？发毛爪齿，皮肉筋骨，浓血汗液，粪尿涕唾，三十六物，以何为我？如皆为我，则成多我，若指一为我，余为谁何？若谓和合之影状为我，则幼少壮老时时变迁，应以何时之形状为准？且新陈代谢，消化不停，饮食进口，即与全体和合，则鱼肉菜饭皆成为我，宁有是理？种种推寻，求我不得！人将转计曰：所谓我者，非指肉体，我能受苦受乐，是能受者，方可为我；遂舍色蕴而计受蕴。然受因境有，境之违顺无常，受之苦乐不定，苦受为我耶？乐受为我耶？不苦不乐受为我耶？未受之前，与既受之后，又以何者为我耶？推想至此，又转计曰：我能想相分别于万法，此能想者，当然是我，于是复舍受蕴而执想蕴。但想依受生，受既无常，想岂真实？于是复转计曰：想是虚妄，不可谓我，今吾人之行为造作，事实昭然，应是真我，而行蕴之执起，谓人作善作恶，其能作者为我；不知善恶亦因想相分别，相对立名，无有定实，所作既妄，能作岂真？如是推求，了知色、受、想、行皆与我无涉，遂以此明了分别之心，能知四蕴非我者为我，而识蕴之执起。但能知之心，必依所知之境，所知之四蕴既空，能知之识阴何托？故知识蕴亦复非我。此总说五蕴皆空，破我执也。人无我之广说，见《瑜伽师地论》卷六，《成唯识论》卷一，《辨中边》《真实品》《显扬圣教论》《成善巧品》《成定品》，学者当遍阅之。

无眼、耳、鼻、舌、身、意，无色、声、香、味、触、法。无眼界，乃至无意识界。

此根、尘、识界，凡圣共有之法也。眼、耳、鼻、舌、身、意名六根，有二种：一曰浮尘根——粗色根，眼、耳、鼻、舌、身外现之形状是。二曰胜义根——净色根，依浮尘根而能发生见闻觉知等功用者是。意根者，谓七识，专执八识见分为真我，致成我执。由我执发生意识，而见有万法，故六识以七识为根。前五根属色法，意根属心法，皆依托于五蕴。五蕴既无，故六根亦无。

色、声、香、味、触、法名六尘，有动摇、染污二义：谓色声等生灭变幻，染污六根，障蔽真性，彼微尘动摇不停，染污成空也。眼所见者曰色尘，耳所闻者曰声尘，鼻所嗅者曰香尘——兼香臭二义，舌所尝者曰味尘，身所觉者曰触尘，意所分别者曰法尘；皆对六根现起，六根既无，故六尘亦无。

六根、六尘、六识——眼识、耳识、鼻识、舌识、身识、意识——名十八界。界有二义：一、种类义，十八法在八识中，各有种子，功用势力不同，各现差别之法故。二、界限义，根尘识三，同时作用，而各有界限，如眼见色时尘为所见，识为能见，根为识所依托而生见，性各不同故；根尘相对，识生其中，成十八界。根尘俱空，识无所托，界云何存？故曰无也。

无无明，亦无无明尽；乃至无老死，亦无老死尽。

此十二因缘，缘觉所修之法也。广说见实叉难陀译《华严经·十地品》之第六地。因缘亦名有支，谓因果不亡故。亦名缘起，谓世间生死流转之法，皆此十二支所缘起故。

无明，不明也，不明本理，曰迷理无明——根本；不明现事，曰迷事无明——枝末。因不知实相离相，妄见世界身心以为实有个体，而生心取着，多方造作，则成行业，故曰无明缘行，犹言无明为缘而起行也。此二支为过去因。众生初死，无知无觉，前业发动，牵引受报，则生识；此识入胎，谓之名色；六根既具，谓之六入；生后触境曰触；触而领纳曰受；此五支为现在果。领受前境，仍迷不觉，执有能受所受，分别憎爱，曰爱；贪求所爱，厌弃所憎，曰取；爱憎取舍，造作不停，则有业种，故曰有；此三支为现在因。复招未来之报曰生，有生则有老死；此二支为未来果。以上十二因缘，因果相生，循环流转，为生死轮回之本；故曰：无明缘行，行缘识，乃至生缘老死。此为凡夫之流转法，缘觉乃能知还灭法。还灭法者：若欲解脱老死之苦，须不受生，不生须不有，不有须不取，不取须不爱，不爱须不受，不受须不触，不触须六根不为六尘所入，不入须空名色之五蕴，空五蕴须空业识，欲离业识须空业行，欲空业行须破无明，欲破无明须明真心。真心显现，则理事圆明而无明灭，无明灭则行灭，辗转乃至老死灭；故曰：无明尽乃至老死尽。但必有生死，然后有解脱，真实心体，本离生灭垢净，焉有无明等法可为解脱者？故曰：无无明尽乃至亦无老死尽。

无苦、集、灭、道。

此四谛法，声闻所修之法也。谛，审实义，谓苦等四者，义理真实故。三界、六道，惟苦无乐，此理真实，故曰苦谛。集，聚集义，由惑造业，集起依正二报，为苦之因，实无他因，故曰集谛。欲脱苦果，须断集因，集断苦离曰灭；集因苦果，实可断灭，故曰灭谛。欲灭苦集，须依能灭之道；如实修行，修行功深，实能灭苦，故曰道谛。佛因众生迷成苦果，乃说四谛法以对治之；悟苦本空，全体即真，病去药亡，谛于何有？故曰：无苦、集、灭、道。

无智亦无得。

智，谓三乘能证之圣智；得，谓三乘所证之涅槃。本来菩提涅槃，故今无得无证。复次，布施、持戒、忍辱、精进、禅定、智慧，谓之六度，乃菩萨所修之法，此单言智者，举一例诸也。为求圆满菩提而修六度万行，然随缘成事门，则有能修之智与所得之果，而实际理地，烦恼即菩提，生死即涅槃，本无烦恼，岂有断烦恼之智？本无生死，岂有脱生死之涅槃？故曰无智亦无得。自无眼耳鼻舌身意至此，破法执也。法无我之广说，见《解深密经》《一切法相品》《无自性相品》；《辨中边论》《辨相品》《辨真实品》《辨无上乘品》；《显扬圣教论》《成无性品》；《成唯识论》卷一，学者当遍阅之。人法双亡，真体自显，如淘沙取金，虽不识金，但去其沙，真金自现，故下文曰：以无所得故，依般若波罗蜜多。

以无所得故；菩提萨埵，依般苦波罗蜜多故，心无挂碍，无挂碍故，无有恐怖，远离颠倒梦想，究竟涅槃。

凡夫执有，故有世界身心可得；二乘执空，故有界外涅槃可得。然得与失对，有所得必有所失，如手本万能，若持杯不放，自谓为得杯，则成持杯手，不能持他物，是所得甚少，而所失反多。今以般若波罗蜜多，照见诸法皆空，则法无所得。空即诸法，则空无所得，所得既无，能得亦寂，能所无寄，体自灵明，不取一法，不舍一法，故能圆应万法，无欠无余，是即般若波罗蜜多心之自体相用。行解与此相应，任运随缘而不迷背，谓之依般若波罗蜜多。

挂，网罩义；碍，阻滞义。一时惊骇曰恐，常存畏惧曰怖。未证实相，妙明真心为无明所覆蔽，如被网罩，触途成滞，取着万法，得失纷陈，患得患失，恐怖乃生。依般若波罗蜜多，则心境一如，于法自在，故无挂碍。不为身所挂碍，故无老病死之恐怖；不为法所挂碍，故无患难得失之恐怖。

颠倒，错误、相反义。梦想，犹言梦境，一切境界皆由心想生，故曰梦想也。吾人睡眠，昏迷不觉，渐入梦境，则见万法亦如醒时，亦能受想造作，忧喜恐怖；遽然惊觉，人境俱空，始知是梦，往往爽然自失。故梦中有二种颠倒：一者以虚为实，二者忘却本人。吾人现前身心世界，皆因无明昏迷所现幻想，妄执为实，更加造作，转复昏迷，从迷入迷，相续不觉，忘本真心，与梦中之颠倒，无二无别。依般若波罗蜜多，则无明惑破，虚妄相空，如人梦醒，求梦中境了不可得，故曰远离颠倒梦想。

涅槃，梵语波利昵缚哵，波利者圆也，昵缚哵言寂；旧云涅槃，音讹略也；今或顺古，亦云涅槃。译义繁多，略举梗概。一译灭，离妄义。一译寂灭，体性寂静，已灭妄相义。一译不生不灭。以上三译，皆未尽涅槃之义。唐玄奘法师译为圆寂，圆满寂静义，谓具足无量无边最极清净自性功德，无不圆满曰圆，万法流动变迁而体常寂静曰寂。此义较为详尽，盖圆明寂照之真心，变现万法，万法无体性，而皆是真心之本体，原无生灭昏动，即是究竟涅槃。若小乘涅槃，乃厌弃三界，离生死烦恼，求得安乐处，非圆明无住寂灭常住之涅槃，故非究竟也。

《金刚经》云："应无所住而生其心。"此言无所得，即无所住也。无所得则无所不得，任运随缘，如如不动，即依般若波罗蜜多，即生其心也。无住生心，故心无挂碍恐怖，而颠倒梦想究竟远离，到究竟涅槃之彼岸也。又无所得者，《成唯识论》说修习位云："无得不思议，是出世间智；舍二粗重故，便证得转依。"究竟者，

《成唯识论》说究竟位云："此即无漏界，不思议善常，安乐解脱身，大牟尼名法。"

三世诸佛，依般若波罗蜜多故，得阿耨多罗三藐三菩提。

三世，谓过去、现在、未来。诸，言其多也。佛，梵语佛陀，译觉者——不曰觉人而曰觉者，者不拘人类故，谓自觉觉他觉行圆满也。惟佛可称觉者，因菩萨以下皆带迷故。得，因修证功满，由始觉契本觉，始本不二达究竟觉——始觉、本觉、究竟觉，广说见《大乘起信论》——名之曰得；实则得其本得，非得不得，与圆满菩提归无所得无二致也。阿译无，耨多罗译上，三译正，藐译等，三译正，菩提译觉；阿耨多罗三藐三菩提，谓无上正等正觉也。正觉，拣凡夫外道，虽亦有觉悟，邪妄不正故；正等拣小乘，虽属正觉，但专求自利不顾众生，非平等普遍故；无上拣菩萨，菩萨发心，自度度他，虽是正等正觉，然无明习气未尽，犹有上位可证，非无上故。

自无智亦无得以上，说自证境界，因行深般若波罗蜜多故，显真离妄。自以无所得故至此，广引诸佛菩萨皆因妄离真显故，依般若波罗蜜多，成就无上清净转依，以明此经为殊胜总持也。

故知般若波罗蜜多，是大神咒，是大明咒，是无上咒，是无等等咒；能除一切苦，真实不虚。

咒，梵语陀罗尼，译总持；谓总一切法，持无量义，一文具足一切文，一义具足一切义故。咒是总持之一种，有不可思议力用，因说咒人愿力之加持，感应道交故。神，变化不测义，谓有神妙不测之力用，能令受持之者，得大解脱，成就不可思议功德，故曰大神咒。能破根本无明，显露真心实体，故曰大明咒。能总持无量法门，直趋无上觉，故曰无上咒。无等等者，等于无等之义，无等，谓无可与等；真如法性，平等圆满，万法皆依之为本体，故无与之相等者。然诸佛得无上正等正觉时，觉满真如，智如正等，无欠无余，故曰无等等咒。

真实不虚有二义：一、能究竟离妄故；诸法如实空，非色非心，无修无证，则无分段变易二种生死——分段生死，不思议变易生死，广说见《成唯识论》卷八——故能永除苦本，真实不虚也。二、能究竟显真故；诸法如实不空，即色即心，而般若波罗蜜多之自体常在，真实不虚也。又真实不虚四字，简言之，即真如二字。《成唯识论》卷九云："真谓真实，显非虚妄。"即此第一义也。又云："如谓如常，表无变易。"即此第二义也——以上显说竟。以下密说。

故说般若波罗蜜多咒，即说咒曰：揭谛揭谛，波罗揭谛，波罗僧揭谛，菩提萨婆诃。

咒属五种不翻中之秘密不翻，不能依文解释，兹但说明不翻之义。一、前文为显说般若，乃方便开示，至于亲切证到之实相现量，则非文字语言所能尽显，乃以无意义之音声表之，故为秘密不可翻。二、平等文字，皆有一定限量之意义，咒则无一定意义，而具足一切意义，强为训释，必有得一漏万之失，故不翻。三、如军中符号，但有作用而无意义，故不翻。以上三端，略说不翻之故。然必须稍明其义，亦可比量而知；盖显密无二，咒义即经义。惟文愈简而义愈深，故此经为诸法之总持，此咒又为此经之总持之。偈曰：显说密说，不离不即；是观自在，智波罗蜜。（倪德薰记）

（节录自《太虚大师全书》）

3　般若心经思想史

般若心经于教史上的地位

汉译一切经典，要以般若经为最大的部数，总共747卷。要在这最大部数经典中选择一部简括而具足般若精要的意义，且为众人所共同信仰代表的经典，当以《般若波罗蜜多心经》为最适当，——简称《般若心经》或《心经》。因为于佛教宗派中无论哪一宗派未有不读《心经》的，就是不大研究佛学的在家众，也没有不尊重《心经》的，所以佛教经典流传民间最普遍最深入的，就是《心经》。然《心经》之所以流通民间最普遍的，究其原因：

一是简明，《心经》字数不多，总共260字，不及其他般若经、《金刚经》等繁多。

二是适合口调，容易诵读，即如"色即是空，空即是色"一类，不像其他经咒语句深奥。

三是含义深远。即如"是诸法空相，不生不灭，不垢不净"，是明诠诸法实相真理。

四是适合现前的利益，即如"是大明咒，能除一切苦"，这是读诵般若，现前得到快慰的利益。"菩萨依般若……远离颠倒梦想，究竟涅槃，三世诸佛依般若波罗蜜多，得阿耨多罗三藐三菩提"。有这许多的原因，所以《心经》流通最普遍而深入民心。

同时，《般若心经》的组织严密有序，几乎只字不可更动。并且把佛教所有的教乘，从人乘到佛乘差不多都网罗在内，特别彰显反对有宗的空观的思想，所以解释《心经》的文字，必须注意正反对照的解释。《心经》正的方面，包括有空二大系统的思想，亦即是代表全体佛教经典。在反的方面，从凡夫小乘佛教到大乘佛教发达为过度时期思想代表的经典。故负有承先启后思想的责任，及联系前后时代思想的任务，特别是小乘思想与大乘的教义并行。也可说正的方面，为大乘佛教的缩写，或曰结晶。反的方面，是包括从小乘到大乘及大小二乘佛教的结晶。

要从原始佛教的分别：就是南方佛教与北方佛教。佛灭后百余年间，教团思想渐起分化，至200年（西历前 3 世纪）出世保护佛教发展的，即中天竺摩揭陀国孔雀王朝统一印度的阿育王，王派遣国内及国外十数人传道师，发展佛教。王太子摩哂陀出家后，被派为传道师之一，为传佛教于师子国（即今锡兰岛）之第一人。从此佛教渐渐输入锡兰，经典的编辑，次第传播于缅甸、暹罗、印度东方诸国，今日方兴未艾，这些地方的佛教，称为南方佛教。

因为阿育王时代派遣许多传道师，把佛教传播于国内外，佛教教团的范围特别发达。因为教团范围过大，所以教徒意见发生分裂，从来在中天竺一味和合的教团渐渐分为保守进步的二大派。阿育王的时代，进步派的首领摩诃提婆（大天），提倡新佛教。保守耆宿派的反对，后来保守派，舍去中天竺，移到北天竺的迦湿弥罗国，以此处为根据地另组织教团。佛教教团从此于地理上分裂为中北二天，中天竺进步派，称为大众部以般若为主。北天竺保守派，称为上座部以阿含为主。中北二天的佛教传入南方，同时也传播北方，以及大乘佛教渐渐越过雪山脉喜马拉雅山，经过西域地方，即中央亚细亚，次第传入中国、蒙古、朝鲜、日本。弘传于印度北方的佛教，称为北方佛教。

南北二地的佛教，不仅是地理上的分别，同时在佛教经典上也有不同。当时佛陀说法语言学，不外乎二种：一是巴利语，这是印度古代的通俗语，即谈话俗语。一是梵语，即古代的圣典语，也就是文章语。但两者语言原相同的。现今南方佛典用巴利语所记载，即如"五尼柯耶"（Nikaya 译为集）以及《大品》《小品》等律部主要的经典。"五尼柯耶"相当北方的"四阿含"，其律部与北方所传的《四分律》大同小异。从根本说：南北相同没有多大的分别，北方的经典用梵语所记载，北方所传一切经的原典的代表，现都存于雪山边尼泊尔，为英人所辑集。在这些梵语的经典中，若《华严》《法华》《般若》，律部原典，都为梵语记载。所以要研究南方佛教，需学巴利文，要研究北方佛教，需学梵文。

要从南北佛教教义上比较，南方佛教为主的，是小乘佛教，北方佛教是小乘及大乘的佛教。小乘佛教为自利山林的佛教，大乘佛教为利他社会的佛教。佛教经典最古者，就是阿含与般若，前者为实有主义的思想，后者为空观主义的思想，前者为保守的，后者为进步的。故征诸两派经典成立的史实，阿含经为北方佛教代表的经典，属上座部。般若经为中天佛教代表的经典，属大众部。般若译为智慧，般若经中到处挥着智慧剑，以空、无、不、非等否定的文字，发挥空观的思想。般若经为中天佛教代表的经典，《般若心经》无疑的属于中天佛教思想系统，是故《心经》于中北二地佛教教史上属于进步派的思想系统。

般若经发达的史要

原始佛教代表的经典，就是阿含与般若，也就是实有与空观的两大思想，佛灭后六七百年，中天进步派的大众部龙树、提婆出世，倡导实相大乘教。佛灭后八九百年北天保守派的上座部的无著、世亲出世，倡导缘起大乘教。两系大乘教在时间上只相隔一二百年的前后，两系的不同，实受保守与进步思想的影响。中天的大众部空观思想大乘化后，即中天大乘中观派。北天的上座部实有思想大乘化后，即北天大乘瑜伽派，这是印度佛教两大学派。前者以龙树《中观论》为中心，在空间上分摄宇宙万有实相为目的。但大众部的空观思想，只是般若实相价值的一面，或为通达实相的初步，故应以中道实相为正观。此实相论系，若三论、天台、禅宗等都属于这一系统。后者以弥勒《瑜伽论》为中心，在时间上以探求宇宙万有的根源，以究明万有生灭缘起的真相为目的，这是缘起论系，是继承北天实有的思想。若《俱舍论》《唯识论》《大乘起信论》，都为缘起论系的代表。《俱舍论》远承阿含小乘有部宗经典。《唯识论》《起信论》《解深密经》《华严经》《楞伽经》《胜鬘狮子吼经》等，为继承弥勒的《瑜伽论》，及无著的《摄大乘论》等。故要了知中北二天的大小乘系统，在思想内容上可分为：空宗中观派实相论系与有宗瑜伽派缘起论系两大系统。《般若心经》无疑的属于前者实相论系。

汉译诸品般若，总共747卷，以玄奘法师所译600卷《大般若》为最巨。般若系的经典传入中国，始自汉灵帝时代，竺佛朔（编按：携来梵本），支娄迦谶译出《道行经》为始，即所谓《小品般若》，曹魏朱士行继起，无罗叉译出《放光般若》，即所谓《大品般若》。《小品般若》《文殊般若》等先后传译，这都属般若系的别译。至唐贞观十九年玄奘法师从印度回国始传入全部般若，在表面上般若是一部经典，实际是编纂各种般若的大集成。将以前的旧译诸部般若再为新译。玄奘法师的600卷的《大般若经》，以四处十六会分类的组成。以往旧译诸部般若，仅有《仁王般若》及《般若心经》二部不在之类。其余各种般若都摄于十六会《大般若》中，般若诸部原本的大部分，现存于印度尼泊尔国，梵本《十万颂般若》《八千颂般若》《二万五千颂般若》等可为其代表。《十万颂般若》相当《大般若》第一会（从第一卷至第四百卷）。《八千颂般若》，分译《大般若》（从第五百三十八卷至第五百五十五卷共十八卷），相当《小品般若》《道行经》等十二译。《二万五千颂般若》，即《大般若》第二会（第四〇一卷至第四百七十八卷共七十八卷），其分译《大品般若》《放光般若》等。故新译《大般若经》与旧译诸部的代表以及现存原本大体都经译出。这可供般若史家的研究资料。

前面说过，般若经属于中天佛教系统代表的经典，要依其内容前后比较的研究，其发达过程显然易见。般若经属进步的大众部系统的空宗，中观派属实相论系统大乘，于此可发现般若次第发达的经过。般若经原本有数部，都经别译。《大般若经》分四处十六会，但其前后思想不同。各部各会并非一时成立的，传有二十二年说般若之说。所以般若经从原始般若次第发达的思想，故有"原始般若""小乘般若""大乘般若"，以及"密教般若"等次第分别。要以历史观点考察各种般若成立的前后：《大般若》第一会为最原始的，次为第四会，即《小品般若》，有原始的面影。再以第二会即《大品般若》，故说《大品般若》为《小品般若》注解的敷衍。所以说《大品般若》应为后所成立。其余诸会即《文殊般若》等都为《大品般若》以后成立者，第四会《小品般若》，以佛十大弟子中解空第一的须菩提，即具寿善现所说。

般若心经与般若经的关系

前章说过:《般若心经》,是 600 卷的《大般若经》中所不摄的经,但《般若心经》是从何处而来?乃集合诸部般若的精要心髓而成。所以《心经》的"心"字,不是思虑分别的心,乃梵语的汗栗驮(Hṛdaya)的译语,所谓汗栗驮,即积集精要的意思,所谓心,乃心髓、精要、中心等意。故唐时实叉难陀译为《摩诃般若髓心经》,亦即取精髓意。《心经》的具名,《摩诃般若波罗蜜多心经》(*Mahā-prajñā Paramita-Hrdaya-Hsutpam*),摩诃译为"大",所以它是《大般若波罗蜜多经》600 卷的心髓精要的结晶体,故名为《心经》。因为般若部特别发达,故产生诸多般若经,今要缩凝诸种般若而成一简括的概要,就是《心经》。熟读一卷《心经》就等于具体的读毕了 600 卷《大般若》,亦可说具体的了解般若精要。

《心经》,是 600 卷《大般若》的精要,也是《大般若》的结晶体。《心经》虽不摄于《大般若经》内,但在《大般若》第二会第二分《观照品》第三之二,其异译为《大品般若·习应品》第三的一段,颇与《心经》类似。有说这段原文该为《心经》的原型,或说《心经》根据这段文所组成独立的经典。于此不特可观见的

《大般若经》的精要，亦可窥见《心经》组织的来源。

兹试引《大般若·观照品》第三之二的一段：

舍利弗，色空中无有色，受想行识中无有色。舍利弗，色不异空，空不异色，色即是空，空即是色，受想行识不异空，空不异受想行识……舍利弗，是诸法空相，不生不灭，不染不净，不增不减。非过去，非未来，非现在，如是空中无色，无受想行识，无眼处……无眼界……乃至无意识界，无无明，亦无无明尽，乃至无老死……无苦圣谛，无集灭道圣谛，无得无现观……

再引《大品般若·习应品》第三之一段：

舍利弗，色不异空，空不异色，色即是空，空即是色，受想行识亦如是。舍利弗，是诸法空相，不生不灭，不垢不净，不增不减，是空法非过去，非未来，非现在，是故空中无色无受想行识，无眼耳鼻舌身意，无色声香味触法，无眼界乃至无意识界，亦无无明，亦无无明尽，乃至无老死，亦无老死尽，无苦集灭道，亦无智亦无得……

这两段文，后者是前者的异译，若与《心经》本文对照，是该怎样的相似？由此可无疑的肯定《心经》构造是依据这段文为主体，取经的形式，再附加前后的文。所以《心经》的说法主——观自在菩萨，也有研究的必要。听法者与《大品》的文同，为智慧第一的舍利弗（弗译为子，舍利子与舍利弗相同）。但《大品》说法主为佛陀，在《大品般若经》证信叙中虽有观世音菩萨，但非是说法主，经中说法主为佛及须菩提、舍利弗、富楼那。所以《心经》开始，先以"观自在菩萨行深般若波罗蜜多时，照见五蕴皆空，度一切苦厄"。接着"舍利子，色不异空，空不异色"等。这段文在文句语气上可以联结的，但在般若意义上似有点突然而来的样子。观自在菩萨行深般若波罗蜜多时照见五蕴皆空，这时候观自在菩萨为说法的时候，抑为修观的时候呢？有的说观自在菩萨是把自己修证的经验说出告诉舍利弗；有的说显然观自在菩萨正由观照般若而实相般若。然在行深般若的时候，何以又会忽然对舍利弗说起法来？以修观时非说法的时，且一切经首都有六种成就，以证明经典的由来。《心经》既没有六种成就，也就没有众成就的听者舍利弗——罗什译《摩诃般若波罗蜜多心经》内有六种证信序，现在忽然唤舍利子，乃至"色不异空，空不异色"却有点事出突然。要解答这些问题，当然要追求《心经》来源，即是研究《习应品》第三全文。在《习应品》第三，佛初对舍利弗说："菩萨摩诃萨如能修持般若七空相（自性空、自相空、诸法空、无所得空、无法空、有法空、无法有法空）。"才能与般若波罗蜜多相应。现在请看《习应品》原文。

"佛告舍利弗，菩萨摩诃萨习应七空时，不见色若相应若不相应，不见受想行识若相应若不相应，不见色若生相若灭相，不见受想行识若生相若灭相，不见色若垢相若净相，不见受想行识若垢相若净相。不见色与受合，不见受与想合，不见行与识合。何以故？无有法与法合者，其性空故。舍利弗，色空中无有色，受想行识空中无有识。舍利弗，色空故无恼坏相，受空故无受相，想空故无知相，行空故无觉相，识空故无觉相。何以故？舍利弗，色不异空，空不异色，色即是空，空即是色……"如是接下《心经》文。

我们看了这段文后，就能具体了解《心经》中的舍利弗及"色不异空，空不异色"的由来，以及佛说诸法性空相的根据。《心经》中"不生不灭，不垢不净，不增不减"是解释上文七空相。不生不灭解释"性空"，不垢不净解释"自相空"，不增不减解释"无所得空"。而正忆修持般若的不是观自在菩萨，乃是菩萨摩诃萨。而观自在也不一定专指观世音菩萨，初地菩萨断除我执，四地菩萨断除法执，人法二空，悲智齐证，真俗双行，观一切境界皆得自在，佛称为自在王如来，何独观世音菩萨称自在呢？在《大乐金刚真实三昧耶经般若波罗多理趣释》说："无量寿若于净妙佛国土现成佛身，杂染五浊世界，则为观自在菩萨。"这无量寿与观自在菩萨仅有净染世界的分别。《心经》将菩萨摩诃萨，改为"观自在菩萨"，并在行般若波罗蜜多，又加上深字，说行深般若波罗蜜多，也是采用《大品》中深般若的，这无非要显观自在菩萨的伟大。把这段文了解后，就知道前说观自在菩萨唤舍利弗的意义上不相接的了，这是《心经》内容应了解的一点。再说《心经》最后的一段：

故知般若波罗蜜多，是大神咒，是大明咒，……即说咒曰，揭谛，揭谛，波罗揭谛，波罗僧揭谛，菩提萨婆诃。

这段文出于《大般若》第二分《功德品》第三十二，即《大品·劝持品》第三十四。先引《大般若·功德品》文：

是大神咒，是无上咒，是无等等咒，是一切咒王……能降伏一切，不为一切之所降伏。

这里所谓降伏，即是能除一切恶不善法，能摄一切殊胜善，却达到《心经》的能除一切苦厄。

又《大品·大明品》第三十二：

是般若波罗蜜，是大明咒，是无上明咒……学是大明咒，故得阿耨多罗三藐三菩提。

又《大品·劝持品》第三十四一段：

般若波罗蜜，是大明咒，无上明咒，无等等明咒……能除一切不善，能与一切善法。

由此可了知的是《心经》"大明咒，是无上咒，是无等等咒……真实不虚"的来历。这与《大般若》及《大品》中的咒文是何等相似？如出一辙。在《大品般若》中，并且广义的演绎正忆修持般若的功德，"终不中毒死，兵刀不伤，水火不害，乃至四百病所不能中，除其宿命业报"。……以及"终不堕三恶道受身完具，终不生贫穷下贱工师除厕人担死人家。常得三十二相，常得化身诸佛国土，乃至阿耨多罗三藐三菩提"。于是演出《心经》的"能除一切苦，真实不虚"。

再谈"揭谛揭谛"的真言，这是密教的胎藏界持明院五尊中的中尊般若菩萨的真言。在《陀罗尼集经》第三卷，般若大心陀罗尼第十六：

跢侄多，揭谛揭谛，波罗揭谛，波罗僧揭谛，菩提莎诃。

《心经》，除去此咒文真言，完全为经的体裁。即"三世诸佛皆依般若波罗蜜多故得阿耨多罗三藐三菩提"，这是完全结束经文的文句。因为密教家想把此部当为自己的经典，所以把般若密教化，附加密咒真言，同时奉请观自在菩萨为其说法主，才完成现今《心经》组织的形态。

般若心经说法主的问题

从《大般若经》全部思想发达的过程上说：第一会最为原始，次为第四会《小品》也有原始的迹象。第二会《大品》为注解《小品》的敷衍，该于《小品》以后成立。其他《文殊般若》等都为《大品》以后成立。《小品》说法主为佛十大弟子中解空第一的须菩提，其于诸弟子中，善于空观；然于发挥般若理智，仅以破坏及分析空的思想为中心。根本未能积极开显般若的真空，也就是须菩提的空，空得不究竟，不具体，所以佛陀不得不改令智慧第一舍利弗来宣说般若，这即是第二会《大品》成立的所以。于是舍利弗与须菩提互竞地位，舍利弗代替须菩提宣说般若，这是智慧派代替原始禅学派所反映历史的优势。但须菩提、舍利弗同属于小乘声闻众，以彼等为中心所说的般若，都含有小乘的色彩。须菩提为中心的般若，为现象的空观，仅止于分析破坏诸法的现象，不能达到诸法本体的空性。舍利弗的智慧，是差别的相对智，偏于真伪善恶、长短大小的比较，仅止于判断相对的因果律，属于形而下的智慧，不是形而上的智慧。所以须菩提、舍利弗，都没有足够的资格为说绝对无边广大甚深般若中心的人物。佛陀不得不请大乘菩萨，大智化身文殊菩萨，以绝对平等智宣说本体空观的般若，所谓绝对平等智者，即是直观智，这直观智现前，即是宇宙本体如实相的显现。这是由小乘般若进步到大乘般若必然的程序。也就是小乘教进为大乘教历史的反映。要以般若经思想内容的比较，从原始到小乘，从小乘到大乘，依照这样的思想进展，次第成立般若经。《心经》既择取《大品》原文所成立，其说法主原为菩萨摩诃萨，而菩萨摩诃萨，佛陀虽未明白指定为谁。若指大智文殊菩萨为《心经》说法主，比较适合般若思想进步的内容。因为不特《大品》有文殊菩萨说法，而《大品》以后接着又为《文殊般若》，这在思想上成为一贯系统。而《大品》，虽有观自在菩萨参加法会，并未说法。所以根据这种意义应推大智文殊师利菩萨为《心经》说法主，比请观自在菩萨为适合般若思想内容的进展。

《大品般若》的说法者为释迦佛，并非观自在菩萨，或者以观自在菩萨为佛教各宗派所特别崇拜的，亦复是密教家信仰的所在，密教许多经典都冠以观世音菩萨，所以《心经》把"菩萨摩诃萨"，改为"观自在菩萨"。《心经》依《大品般若》而来，及奉请观自在菩萨为《心经》说法主，必定是经密教家手所结成，根据现在《心经》的组织是可以断定的。特别《心经》，在古来殆专为祈祷所用的经典，故罗什译为《摩诃般若波罗蜜大明咒经》。玄奘法师西游印度时，历种种险境，途遇梵僧赐以《般若心经》，奘师持诵，在途得免种种苦难。而观世音菩萨在印度灵感特别多，佛灭后千余年，清辨因欲留身待弥勒下生犹祈请观世音菩萨指示。故知此经为祈祷所用，若是这种想象为合理的推断，这《心经》必与密教有深刻的关系。

《大品般若》，属于般若思想发达的中期，而《心经》内容完全与《大品》相同，且同以舍利弗为中心。故《心经》从《大品》而来无可怀疑。所以《心经》的思想史的渊源该与《大品》同属于中期，亦复没有异议。般若经应视为发达的经典，其内容不可能严密区别大小二乘，但般若经的空观思想，确为大乘的。然古来的批判家却说般若为大乘的初门，或为大乘的真髓。加之《心经》的说法主，奉请大乘观自在菩萨，所以《心经》大乘的价值最为明显。要依《心经》内容说，则属于般若思想发达的中期，但《心经》通于三乘，特别是彰扬实相的大乘教。

般若心经传译的史要

《般若经》与其他大乘经典相同，都在佛灭后四五百年间，始渐告成立。现存 600 卷《大般若经》，从其内容组织结构上及其思想观之，殆非原始所存的般若，此为般若部系的丛书。以集合多种般若部系所成。故原始所存的般若，只有《八千颂小品般若》及《二万五千颂大品般若》与《金刚般若》，是故般若部系要以《小品》为最古。——（约佛灭后第一百年至五百年间）《心经》虽属于《大品般若》之内，要在印度佛教史上考其流通的史实，却不甚明了。英人所编纂于伦敦所出版的梵语的经典；于印度、西域诸地也都未发现《心经》原典。然《心经》的汉译，要依经录研究，始于东吴时代（西纪第3世纪），支谦有译出的形迹。现在最古的汉译为姚秦时代（西纪第5世纪）鸠摩罗什所译的《摩诃般若波罗蜜大明咒经》。所以可确定于此时《心经》始流传于印度西域诸地。印度般若注释家，若造《大智度论》释《大品般若》的龙树菩萨，以及《金刚般若》的注释家无著、世亲二大菩萨，这几位大论师乃佛灭700年后印度实相缘起两系大乘教系的权威，然都未与属于实相系的《心经》相接触。其他印度论师中亦未闻有一《心经》的注释家，更未见一部印度撰述的《心经》注疏传于世。由此可审知《心经》于印度成立的时期不古，且传播不甚广。特别印度佛教的末期，密教时代（西纪四五世纪起），殆为密教所化的地方，始有《心经》的流传。由于印度人民普遍的信仰观自在菩萨及弥勒菩萨，故改"摩诃萨"为观自在菩萨，奉为《心经》说法主。从这时起，《心经》原形增语的变化始有成立的可能，《心经》与密教化的关系也该始于此时。且《心经》异译11种中，除掉罗什所译，其余10种都为唐代的新译。由此可知西纪7世纪密教隆盛的时代，始见《心经》盛行于世，此为显著之史实。

般若心经的汉译种数

（一）《摩诃般若波罗蜜大明咒经》一卷　姚秦弘始四至十五年（公元402—413年）鸠摩罗什译（存）

（二）《般若波罗蜜多心经》一卷　唐贞观二十三年（公元649年）玄奘译（存）

（三）《佛说波罗蜜多心经》一卷　唐中宗年间（公元695—713年）义净译（存）

（四）《般若波罗蜜多心经》一卷　唐长寿二年（公元693年）菩提流志译（缺）

（五）《摩诃般若髓心经》一卷　唐中宗年间（公元695—710年）实叉难陀译（缺）

（六）《普遍智藏般若波罗蜜多心经》一卷　唐开元二十六年（公元738年）法月译（存）

（七）《般若波罗蜜多心经》别本一卷　唐开元二十六年（公元738年）法月译（存）

（八）《般若波罗蜜多心经》一卷　唐贞观六年（公元790年）般若共利言等译（存）

（九）《般若波罗蜜多心经》一卷　唐大中年间（公元 847—859 年）智慧轮译（存）

（十）《圣佛母般若波罗蜜多心经》一卷　宋太平兴国年间（公元 980 年——　）施护译（存）

（十一）《般若波罗蜜多心经》一卷　唐（？）法成译（存）

以上所举 11 种译本中除第四、第五缺失不存于今，其余都摄入经藏中。而古来一般学者都依第二唐玄奘所译《般若波罗蜜多心经》一卷。玄奘三藏，贞观年中赴印度求法，留印十有七年，携回梵本的经典六百数十部，后奉诏翻译 74 部 1300 余卷以上。玄奘从语学的立场，致力直译，对东晋旧译家的思想的意译，诚为别出异译，世谓之新译。唐朝的译家，多以奘师为宗范，但一般弘传般若的都推《大品般若》，殆以《大智度论》译者鸠摩罗什为第一。然第二不可不赞仰玄奘三藏的功绩，特别古来读诵所用大乘经典，若《法华经》《金刚经》等多奉行罗什译本，独有《心经》依玄奘所译为范本。《心经》最普遍的流行，当在玄奘的《大般若》翻译弘传后。并获得各宗派一致所赞仰，所以《心经》的注释，历代以来不胜枚举。就中最有参考价值的，以窥基大师的《幽赞》一卷及西明寺圆测的《心经赞》一卷。华严宗第三祖的贤首大师法藏的《略疏》一卷。宋明清的释疏书总在数十种以上。时至现代无虑百种以上的注释，于此可见《心经》于佛学上研究是如何的重要而普遍了。

般若心经的组织

一切经典记载的方式，多半分颂与长行的两种。颂文或五言或七言，如韵文诗体，长行如散文体。在经典中或单以颂记载，或单书长行，通例为颂与长行二种并行。《心经》的"即说咒曰揭谛……"以下为颂，其以前为长行。至于颂与长行的关系，或先颂后长行，或先长行后颂，《心经》即是先长行后颂。也有形式不定的，颂与长行的关系，多系长行解释，所以说为长行释，或颂为重说长行意义，故名曰重说偈。于是颂与长行不必同时成立。就两者比较上可看出暗示发达的最后经典成立的状况。所以经典自身要从发达史的观察为极有趣味的研究。《心经》的长行既不是解释，而颂又不是重说偈；可说是一种特出颂赞功德的性质。

佛教的经典，通常组织的大纲，多以序、正、流通三分，统观全经的要义。序分，就通常序言，或序论。正宗分，即本论或本文，即叙述全经正分的宗义部分。流通分，即信受奉行正宗分，而宣传流通的部分，即是结论。三分为一切经典所共同所依的方法。但经典中并非每一部经典都具足三分，或欠序分，或欠流通分，或两者都缺者。要依三分比较观察全经要义，可发见全经发达前后成立的关系，并不限于同时成立，这是于经典史研究应注意的一点。《心经》的正宗分，若认为从《大品般若》择录而来，这《心经》的序分与流通分无疑的，必为后来所附加，这是三分比较研究的结果。

佛教的经典，依秩序的组织，在古典及其他亦有不少的类似处，加之三分组织中正宗分组织内容，前面已说过。大部分的经典，就组织的分析，最为初学者所困难的。但如《心经》最简单，是整齐而完备的经典，且容易明了其组织的机构。一切经典组织所具的种种条件，《心经》也都已具足，于此《心经》不失为代表圣典的意义。

《般若心经》在组织方面，于分科组织虽与古来注释家有种种的不同，今参照保坂玉泉君引用弘法大师《心经秘键》的五分，即第一人法总通分，第二分别诸乘分，第三行人得益分，第四总归持明分，第五秘密真言分，繁简得宜，这是分科的最正确的基础。兹引用保坂君所制的表解：

摩诃般若波罗蜜多心经组织

第一段　序论（序分）＝人法总通分

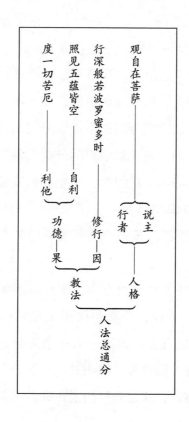

第二段　本论（正宗分）

第一项　哲学的理论门＝分别诸乘分

〔甲〕人间观＝正报论

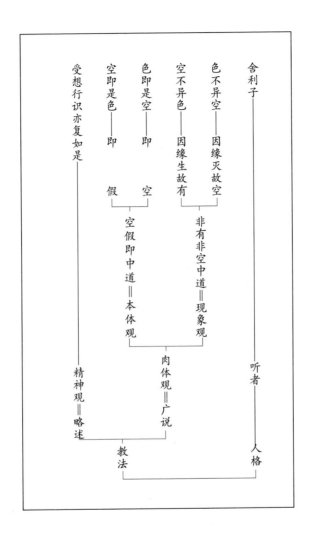

〔乙〕宇宙观＝依报论

一、世界观

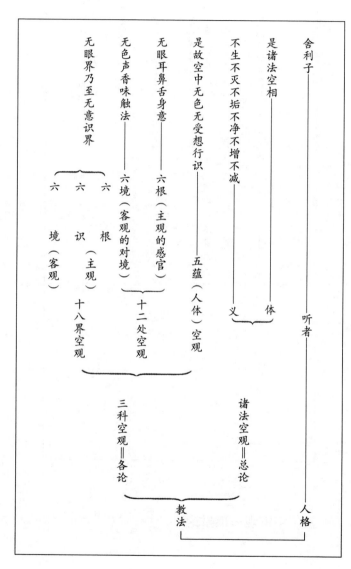

二、人生观

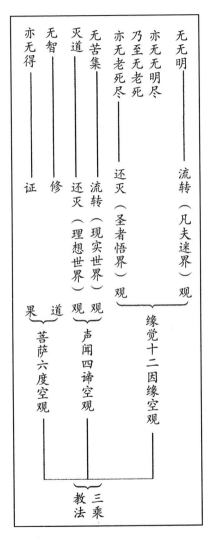

第二项　宗教的实践门＝行人得益分

〔甲〕修养法

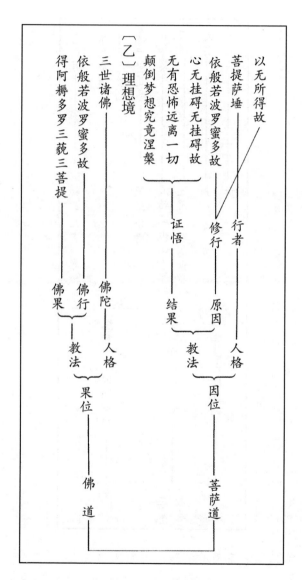

〔乙〕理想境

以无所得故
菩提萨埵
依般若波罗蜜多故
心无挂碍无挂碍故
无有恐怖远离一切
颠倒梦想究竟涅槃

三世诸佛
依般若波罗蜜多故
得阿耨多罗三藐三菩提

行者　人格
修行　原因
证悟　结果
教法　因位　菩萨道

佛陀　人格
佛行
佛果　教法　果位　佛道

第三段　结论（流通分）

第一项　礼赞般若＝总归持明分

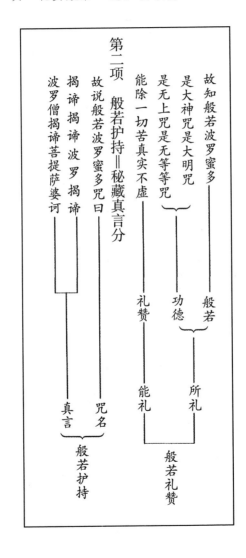

第二项　般若护持＝秘藏真言分

故知般若波罗蜜多

是大神咒是大明咒

是无上咒是无等等咒

能除一切苦真实不虚

故说般若波罗蜜多咒曰

揭谛揭谛波罗揭谛

波罗僧揭谛菩提萨婆诃

般若

功德

礼赞

所礼

能礼

般若礼赞

咒名

真言

般若护持

依以上《心经》的分科，可知其组织井然有条不乱及佛教学的组织，当为经典中最合乎理想的组织法；把佛教所有的问题都该罗于260字《心经》内，我们越感觉得《心经》为一切经典的代表的《大般若经》的心髓结晶的信念更加坚强。但《心经》前章业已说过，属于实相论系，所以实相观即通于价值观的全篇。至于生成缘起的论题，仅限四谛十二因缘少部分，这是该为注意的一点。

以上系佛教学及《心经》的组织概观。其关于《心经》内容的教义，当于次章说明。

般若心经的使命——序论

观自在菩萨，行深般若波罗蜜多时，照见五蕴皆空，度一切苦厄。

这是《心经》的序分，也就是序论。于此首先揭起《心经》伟大的使命，亦就是佛教的使命。佛教对于人世间的使命有二种：一是完成个人自己的使命；一是完成于社会公众的使命。前者为自利的，发挥自己本来所具的性能，解除恶性烦恼的束缚，修养德性，达到安心立命的境地。后者为利他的，不以自己的利益为利益，而在服务社会公众的事业；使社会群众获得利益，实行普遍救世的正道。

这两种使命能够并行，人生社会才有进步的希望，不可能偏于任何一方。佛教根本的主义，即在自利利他，而能切实奉行自利利他的使命，就是菩萨。故菩萨的人格，即在完成自利利他两种使命所获得理想人格的尊称！前揭《心经》的一段文，正是表明菩萨的人格及二大使命的意义。

一、救世的人格

所谓菩萨，是梵语的略称，具称菩提萨埵（Bodhisattva）。菩提，主观的译为觉，客观的译为道。萨埵译为有情。所以菩提萨埵应译为觉有情、道者、道人、道士、开士等。原语梵名称为菩萨，所谓觉有情者，指有觉悟的人，即指能实行自利利他二行而有理想的人格者，能完成这二行的使命。所以"觉有情"分为二分，上求菩提（觉）下化有情（萨埵）。向上求道为自利，开发智慧。向下教化一切有情为利他，这为菩萨的解释。在佛教弟子中，只顾修行自利的，就是声闻、缘觉；而利他教化一切有情的，殆为菩萨独特的使命。而能圆满自利利他二种行门的，就是佛。所以佛的因位，就是菩萨，菩萨的果位，即是佛。毕竟菩萨与佛有前后因果的关系。

佛教中分大小二乘，小乘佛教是自利的佛教，大乘佛教是利他的佛教。所以小乘经典的"阿含经"等，单为声闻乘说，而没有谈及菩萨。然大乘经典，若《般若经》《华严经》《法华经》《涅槃经》、净土三经等，到处都有大智文殊菩萨、大行普贤菩萨、大悲观世音菩萨、大势至菩萨、当来下生弥勒菩萨诸大菩萨。其行愿的功德，都是不可思议的，这许多诸大菩萨的立名，都在彰显其德性及其伟大的人格。文殊菩萨的特征，就是大智。普贤菩萨的特征，就是大行。而具足伟大慈悲的德性，而实行救世本愿的，就是《心经》说法主大慈大悲观世音菩萨。能以大慈大悲的精神，完成救世的使命，唯有具足大悲德性的观世音菩萨，能随类应化救世的，也唯有大慈大悲观世音菩萨。

观世音梵名，阿缚庐枳帝湿伐罗（Avalokiteśvara），旧译家泰斗，如姚秦时代龟兹国鸠摩罗什，于《法华经·普门品》，译为"观世音"。新译家的权威唐三藏玄奘法师，于《心经》独译为"观自在"。原语从二语所成，前半（Avalokite）"观"的义，从半旧译家的异义，鸠摩罗什（Śvara）依音的义，合前半译为"观世音"。玄奘（Śvara）即取自在，为主宰义，合前半译为"观自在"。

原语或译语的异义的分别，所表现大悲救世的菩萨都以译语为适当，特别是《观音经》，显扬观世音菩萨的法号。

若有无量百千万亿众生，受诸苦恼，闻是观世音菩萨，一心称名，观世音菩萨，即时观其音声，皆得解脱。

观世音，略称"观音"，亦即暗示所译意义适合菩萨的悲愿。闻其音声，这不过只限于视觉或听觉的感受，凡于外界世间色声境的见闻，触动于意识观念即时发生慈悲心。所以说为闻音，或"观音"。又《华严探玄记》第十九说："若偏于语业，则名观世音，以业用多故。若就身业说，则名光世音，以身光照及故。若具三轮摄物无碍，则名观自在。"

无论哪一种语，仅能表示一方面的意义，特别"观自在"，所表显的多方面，这包括"身口意"的三轮（三轮者，佛菩萨的身口意妙用喻如车轮）全体及摄取救济众生无碍自在。所表示救世菩萨最为适当。因为人间的要求，一切众生的苦恼的叫声，人类的希望，即在追求理想等一切音声，应其叫声，顺其要求的希望，随即意发大悲，口说法教化，以身实行救济的行愿，都能自由自在。所以唯有"观世音"，或"观自在菩萨"的德性，才能于一切众生完成拔苦与乐的使命，故有救世菩萨、救世的净圣、施无畏者、大悲圣者等等的尊称。同时，菩萨为完成普遍救济的任务，故有六观音、七观音、三十三观音等种类。为贯彻菩萨大悲随类应化的悲愿，于地狱、饿鬼、畜生、修罗、人间、天上的六道，现种种身，故有圣观音、千手观音、马头观音、十一面观世音、如意轮观世音、不空罥索观世音等，一切名称都为相应大慈大悲救世的本愿。

观世音菩萨的愿行，最普遍的，乃在《法华经·观世音普门品》，于此圣观音，为救济众生现三十三应身。应以声闻身得度者，即现声闻身而为说法，乃至将军、小王、长者、居士、宰官、比丘、比丘尼、妇女、童男、童女等得度者，即现其身而为说法，这些皆为观音的应化身。三十三观音，印度有三十三处观音灵场。或三十三间佛堂，或塑三丈三尺的观音像，身长表现的数字，都是基于三十三应化身。

观世音菩萨，在观想上有人性的及神性的表现，当然吾人赞成前者，以吾人若体现到大慈悲，随即自觉为观世音菩萨。故凡有大悲救世的精神，都可尊称为观世音菩萨。比如观音显现的灵场，并不限于印度南海普陀落山等。大智禅师偈说："个个面前观自在，人人一座普陀山。"若以地理上考究，《八十华严经》第六十八说：以南天竺南海岸摩赖耶山中普陀落山，为古来观音出现根本的灵场。后来中国、日本，都有观世音，中国拟南海浙江省舟山岛为补陀落山，日本以日光山及西国三十三番，拟为观音示现的灵地。元来补陀落（Potalaka）的梵语，有光明的意义，所以日光的译语，偶与译义适合，于是亦成为"观音显现的灵场"。

古来许多菩萨中，最为世间僧俗一致信仰的，以观世音菩萨为第一位。但以释迦佛为本尊的一般佛教的，如《法华》《华严》《解深密经》《般若》《金光明》等经典。或以阿弥陀佛为中心的净土教的《无量寿经》《观无量寿经》。或以大日如来为中心的，真言密教的《大日经》，这些经典都一致礼赞观音。各宗派都共同信仰观音。特别是净土教与密教，认为观世音菩萨、大势至菩萨同为西方阿弥陀如来的胁侍。或为弥陀佛的因位菩萨，或为弥陀如来的长子，或为其弟子，或为协助阿弥陀佛救济化导一切众生。特别净土宗说：观世音菩萨为弥陀如来的御使，现身于此娑婆世界，引导一切众生往生西方极乐的净土。密教家所祈祷观音，如《观音普门品》，现世得利益。净土家与密教家解释虽不同，但都认为观世音有神秘性的，或神格的，于是把观音力当为他力的。反之一般佛教，特别是禅家，认为是人性的人格化，以自力的体现。本来所谓菩萨者为人性的人格化，要是把这个当神秘性的，不但误认为佛教本意，而忽视观世音菩萨于吾等人性关系，特别密切是人间的圣者，为人间的理想者。所以吾人以人性的观世音菩萨而亲近佛教。《心经》的观自在菩萨，正是发挥此义。

观世音信仰的历史，一言以蔽之，于前说的经典，特别散说于大乘经典中，东晋时代印度的留学僧，法显三藏的《佛国记》说：大乘徒多供养文殊、观音塔。唐玄奘三藏的《西域记》说：大乘或密教色彩浓厚的南天竺，特别补陀落山为中心，为中天竺摩揭陀国信仰崇拜地。所以，西历纪元前后大乘教兴起菩萨的信仰，也就是观音信仰兴盛的时代。从东晋时代起，即有此信仰，罗什译出《法华经》，到隋代智者大师《观音经玄义》等注释，发挥菩萨救济的大愿，构成观音信仰的根据。五代时，以舟山岛代替印度南海补陀落山为观音道场，于是观世音信仰成为普遍的民众化了。西藏、蒙古的喇嘛的佛教，也是依观音信仰，成为真言密教的一派；密教许多经典，都冠以观音圣号。所以祈祷观音菩萨加被，现世得利益，并且希望未来得生于极乐净土，故成为世间一致信仰的中心！

二、解脱救世主义

救世的观自在菩萨，以自利解脱，利他救济为目的，于"行深般若波罗蜜多时"，即含有两种问题，一是主体的自利解脱，一是客体的解脱救济。《心经》的序分，于"深般若波罗蜜多"，系答复前者的问题，"五蕴"是答复后者的问题。

大乘佛教以自利利他为主，自他兼利的德性，就是六波罗蜜多。波罗蜜多（Paramita）为梵语，汉译为到彼岸，或说度。所谓到彼岸，喻人生为大海河川，从现实此岸，达到理想境的涅槃彼岸；不特要自己达到理想的彼岸，并且要一切众生也能达到理想的彼岸，实是大乘佛教的要谛。到彼岸三字，或译一字为度。度分为自动词，及他动词，若训读度，则表示自利解脱，若读"度"，则为利他救济的意味，以此表现菩萨道最为适当。不但从文语上现有自他两利，即波罗蜜多的内容种类，也明白表示具有布施、持戒、忍辱、精进、禅定、智慧六项的德目。无论自度，或度他都要有如航海船筏的必要，乘此六度道德的宝筏，即能达到涅槃的彼岸。

六度，就是自利利他，解脱救济的德行。但般若经，特别是《心经》以发挥理智主义，以智波罗蜜多为主体。吾人的自心，是依智、情、意，三分所成。今日发动救济社会根本的思想，在吾人心中，即是感情作用，在六度中，即由感情发露的布施波罗蜜。若依菩萨心说，就是圆满纯洁的大慈悲心。"般若"以发挥理智为特征，智慧为六度或戒定慧三学最高的德行。也就是道德的结晶，一切善的行为根本。菩萨心属六度中智慧波罗蜜，佛的心一切都以大智为自利利他的主体。《心经》的说法主及般若的行者观自在菩萨，即观世音菩萨异译，就语言学上的不同，已如前说。从汉译文学上看，如《观音经》，以慈悲为主体时，则以观世音菩萨最适切，如《心经》以智慧为主体，以观自在菩萨为确当。

就智慧说：坏人有坏智，普通人有常识，学者有理论的智慧；佛、菩萨有不可思议的神秘的智慧，很容易混乱而发生误解，所以"般若"含有多义。因神秘故，在译家规定有五种不翻，故仍然使用原语。要以含有论理的智慧及哲学的宗教的智慧，就是般若的智慧。所谓论理的智慧，是科学的研究基本，对于复杂及变化现象界的事物，而有比较选择及发现因果关系作推理判断的智慧；这个为形而下的智，或说为相对智。所谓哲学的宗教的智慧，哲学研究的对象，是以宇宙万有本体真理为直觉。或以宗教信仰的对象，观悟天地神佛的真理；宇宙的本体，天地的真理，都是唯一绝对永恒普遍的存在，以此为直觉，以此为悟观的智慧，这是唯一绝对的存在着的主观智。依于相对智，仅限于观察客观复杂性的境。

相对的般若智慧，为声闻或是缘觉的智慧，依之为推理判断的法则，悟解因果的事理。绝对的般若的智慧，为大乘菩萨的智慧，直观本体的真理，《心经》的般若，即属于后者。因要与前者区别，故于般若上加以"深"字。说"深般若波罗蜜多"，菩萨实依深般若照见宇宙本体的真理，以波罗蜜行完成自利利他的妙行。

三、心经无我观

救世的观自在菩萨，自利即是自度，利他即是救世，前者为解脱道，后者为济度行，菩萨以实行自他两利为本愿。然在自利利他究竟谁为优先呢？在人生观上并没有自他的区别，因为都有"一切苦厄"。人生假使是快乐的，也就没有解脱及救济的必要。

人生为什么原来都是苦的？要是从客观的观察，死啦！苦啦！无常啦！这好像都属于他人的问题。自己当然不能尝到真实苦的滋味，必须自己的父母、亲爱的妻子，以及自身受到老、病、死、苦恼缠扰时，始能彻底体验到无常苦的滋味！

切实的说：苦的主体，就是自己，从苦得到解脱的快乐也是自己，所以首先自己要能自度，然后才能度人。因此人不可不了解自己是什么。希腊的贤哲苏格拉底说："汝要了知自身。"道元禅师说："习佛法即习自己，所谓习自己，即是明白自己。"这是千古的格言，一切宗教哲学的出发点，即在探求自己！

人生最大的问题，即在能明白自己，人好像是最易明了的东西，其实稍加思考，即发现最难明白的，就是"自己是谁"。笛卡尔说："我思故知有我。"这是无疑的认有自我的存在。但要从论理上认识自我，那是不可能的，因为"自我"不属于论理的。古来婆罗门教主张生物，特别是人身肉体中有个自我——灵魂存在。说肉体虽有变化，但是肉体内在的灵魂，是永远不灭的，常住存在的，并且不可切断的，把这个说为实我。但灵魂与肉体，其性质完全不同的，好像泥团中藏有金玉的宝贝，这是灵肉分别说。而肉体死亡后，善人的自我生于天国，恶人的灵魂，便堕入地狱，这恰如古代说梦的样子，说灵魂从肉体内脱出，这即是灵魂游离说。无论是自我实在说，或灵魂说，都属于常识的说法，不独婆罗门教，舍佛教以外的一切宗教，或灵魂学者，都主张此说。

然这个灵魂实在说，其理论极为粗浅，《阿毗达磨论》的学者，用种种方法，推翻外道的灵魂说、实我说。佛陀仅用一句否定的方法，就是"五蕴皆空"，把一切实我、自我、灵魂，都否绝了。所谓蕴者，是积聚义，就是把生物界，特别是人间，大之分为五种要素，小之分为无数的要素，这与现代有机体说及细胞说相似。生物的身体，总称为五蕴。即是色、受、想、行、识的五种要素。

一、色　佛说的色，是有变坏、质碍性的定义。所谓变坏，就是变化性。所谓质碍，即是物质不可入性，甲、乙两种物质，不可同时同占一处。故色在广义方面是包括显色、形色；在狭义方面，就是肉体。这里所说的色，是指狭义色。而此色蕴，乃依地、水、火、风四大要素所成。所谓地水火风，不是指吾人眼所见的现象的土地，或雨水，或灯火，或空中风。所谓地为坚性，水为湿性，火为暖性，风为动性，这皆为现象界诸法形成的原动力和要素。

二、受　前说的色，是属于物质的，今"受"是属于精神的，即于前说色法无论是显色、形色，乃至音声等引起一种反应，使精神上发生苦乐等知觉感受的作用。故佛说受，是领纳的义，于苦乐的境有领受作用。

三、想　所谓想，即于感觉或知觉构成一概念的作用。即如依眼感觉的色彩，依鼻感觉的香气，由于接触形状，综合各种感觉构成一"花"的观念，故佛说想，即是想像，取像的解释。

四、行　所谓行，乃造作意，即依外界花境，引起内心欲取花供佛的观念，经心思考虑而发生"取花供佛"的行动。思考为行为作业的根本，其主要的，就是思心所，这全属于心理活动的现象。

五、识　所谓识，是了别义，即对受想行三心的对象上发生区别的作用，故此识不特有支配受想行三种作用，并且为精神活动的总枢。它的任务，即在保持这三种作用构成统一性，而识所了知的，为精神与物质的总和，构成色心不二的关系。图示如次：

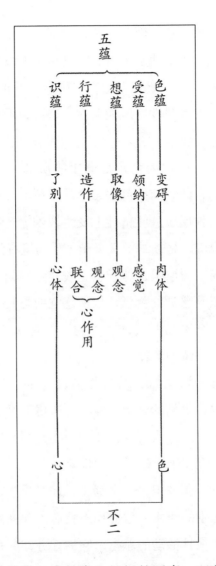

　　五蕴的分类，全是身心组织的要素。五蕴的色，属物质的——肉体，受想行识，属精神的——心。就中第

五识蕴，是统一精神与物质多方面，故构成色心不二。婆罗门教主张色心灵魂各别的，佛教正是相反。世间人所说的自我，就是指五蕴色身。要说五蕴为自我，应有多种的我：第一识蕴为本质的自我，第二行想二蕴为心的自我，第三受蕴为感觉的自我，第四色蕴为肉体的自我。若一一是我，则有多我？一我尚不可得，何况多我呢？依色心的关系说：心的向外表现，就有肉体，肉体向内，就有心。在外表看，就是肉体，从内观之皆为心。究以心为自我？抑以肉体为自我？今从第四自我次第到第一自我，即是从肉体到灵魂。第一自我渐向第四自我，即从心到色的过程，于色心表里灵肉一致的观法。

前说的五蕴，虽为心理及生理现象的分类，但佛陀不是以分解说明为目的，五蕴的分类，也不是专为研究心理现象的设计。佛陀要吾人明白自己的身体，依五蕴的要素因缘和合，由众缘结合关系，是假合的存在。这如所造的房子，其和合力尽时，即是结合关系的消灭，五蕴的身体要是灭亡，即是构成死灭的现象。在身体中无论何处都没有永久不灭的灵魂，识蕴也是假因缘的生灭，不是常住的，乃至色蕴也非不变的，无论何处都没有如外道所说的实我的存在，凡是五蕴都是无常，故人间没有不灭的实我。因为不了解"无我"，才有常住不灭的灵魂迷妄，故有此分类法，因五蕴中没有一个固定的实体，故说为"无我"。

《心经》的"五蕴皆空"，就是绝对否认自我，就是无我观。这里无我观或曰人空观，也就是"我空观"。佛陀为了要说明无我观，故说五蕴。有生即有灭，有集合即有分散，这是宇宙间永恒不变的真理。因此佛教有诸行无常，万物流动，诸法无我，五蕴皆空等说，这是万古不变易的金条铁案。观自在菩萨体验到深的般若的正智，才能具体的"照见五蕴皆空"。

在五蕴下应加一"等"字，这在窥基《幽赞》及靖迈《心经疏》皆有等字，以观自在菩萨所照见的，不仅五蕴皆空，并且十二处、十八界、十二缘起、四谛四种法皆是遍计所执空无自性，故同曰空。

在般若的理智中有消极的破坏和积极的建设的二大作用。今无我观——"五蕴皆空"——这是消极的破坏。但在言语上否认实我、灵魂，这还未能建设真理，若以这个为究竟，则佛教便堕入虚无说。古来佛教学者，但说无我，未能发挥无我的内容，故非究竟。所以《心经》的无我观，不仅否定了实我，自我的执着，并且有更高的肯定作用。所谓无我乃在表明生命相续义，佛教的无我论，就是生命论。佛教为否定外道自我为主体常住固定的灵魂实我，而代以变化的、相续的、分化的，肯定绝对的生命。前说五蕴乃依因缘和合所成的假的自我——五蕴的假我，这即是毕竟的生命。生命是色心不二，灵魂与肉体一致的存在，也就是变化的、分化的、创造的、进化的、暂有的，刹那生、刹那灭，相续不断不可思议的存在着。佛教的假我生命与外道实我灵魂，其性质正是相反。这个生命论，为充实补充外道灵魂说的缺点，佛教并不是消极的无我观，实是积极的生命论。佛教生命相续论，后当详说。

大悲观自在菩萨"度一切苦厄"即是解脱道及救济道的运行。

解脱及救济中心的观念，即是无我观亦即五蕴皆空观。凡夫的迷妄、执着、苦恼皆以自我实在观为中心，对人间珍贵的黄金珠宝，发生执着，以不得为苦，失之为恼，所持的无数黄金珠宝，究竟到什么时候才能没有变化？或马上会变化？此中不知有多少忧恼？诸如此类都是有个自我唯一无二永恒不变的存在。因有这种迷妄，所以执着自我，因有自我爱，故排斥他人的爱，由于自我扩大延长所引起生存的竞争，即由自我要求所发生的苦恼。这些都是求不得苦，为人生的社会的苦恼及生老病死等的自然的苦痛。归根结底，也都因有个自我存在，若自我灭亡，这自我的欲望也随之灭亡，自必达到"五蕴皆空"的达观，便从"一切苦厄"中解放出来。

自我中心的执着，即是自我实在的思想与自我最爱的感情，在佛教总称为我执。这个我执，有先天的我执与后天的我执。前者说为俱生我执，与人的生命同时生起，常常动扰意识，后者为分别起的我执，从生以后，依社会的学问思想或教育宗教等所起，这是由于意识分别思维所起的执着，今入无我观即是消除自心上的我执，但必须尽断先天的俱生起与后天的分别起的二种我执。

　　个体的生命，就是假我。因为假的，一面从时间的观察是无限过去生命的延续，是无穷本来生命的根本，现在个人的生命，是过去与未来的生命的一个连锁。总合过去现在未来的三世生命就是宇宙的一大生命，这即是佛的生命。自己的生命和宇宙的生命是不可分的存在着。"无我"，即五蕴皆空。说为无我，说为空，并不是否定生命的，乃是大生命中再生的大肯定，依于这个信仰始知自己尊严，即可悟到个人生命的边缘。若从空间上观察的个体生命，则自他是不可分的存在，也就是自己的力量集合的社会，以自己的力扶助他人，他人的一切力归于自己，保持自己，就是共存的社会，以这个成为宇宙一大组织体。宇宙也就是一大佛身，一切一切，部分与全体，自己与佛都是不可分，这即是古人所说的达到"天地与我同根，万物与我一体"的存在着。要以专门语说即是"人我我人"的意义,自己,就是父母、国主、众生、佛等四恩的结晶。

因为这样,自己在时间上是无限天地的生命,即佛的生命一连锁。在空间里是无边宇宙,广大佛国土的唯一要素。天地的灵裕,宇宙的神佛不可分的存在着,所以自己也即是天地,也就是佛。更不可认为自己是小,天地宇宙,唯有一佛。悟入这种信仰时,才能体验到大乘的无我观解脱自我的自爱的丑态。再生于大宇宙佛的家,成为新的生命,也就是再生复活。否定自己,实是肯定自己,自己的再生。要能通过这种体验,自己始能居于天地间,明白自己绝大,无限的价值,无限的尊严,悟入欢天喜地的生活。并以天地为目的,分担佛陀的使命,把现实的社会成为纯粹的真善美化,视为自己应有的责任。

天地于人生的恩惠,是以生成化育为目的,佛的慈悲主义,以救济一切众生以创造进化为使命。佛教信仰的生活,绝不是止于自己。必须自他救济运行,这都是为信仰以后的妙行。自己解脱为自然结果,必须实现利他救济,解脱即救济,这即是为波罗蜜多,到彼岸,度的真意义。观自在菩萨体验般若波罗蜜多,照见五蕴皆空,依无我观为解脱救济的目的。假使吾人开发般若智慧体验到无我观,自利解脱,不可不运用利他救济行，若能实行这二种行门，自己即是观自在菩萨的化身。

自我实在观，就是迷执，我执我爱，就是烦恼。这个迷执与烦恼的结果，就是苦恼。以般若的智光，照破实我的迷妄，以智慧的利剑切断自爱的烦恼，灭除苦恼游于安乐境地获得永远的生命，就是与佛的人格合一。依般若入无我观，解脱一切的我见，这是佛教的根本观。而以般若的大理智为根柢大慈悲的救济，以真理的救人济世，唯有佛教，即在以真理救济一切众生。现代虽为进步的文明，但这是自我文明，以生存竞争，弱肉强食为根据。所以表面掩饰和平，实际争斗、破坏，不免招致苦恼。现代的文明是限于破产的命运，今后必须开拓无我的文明，不可不努力建设佛教的真理的文明。佛教的使命，特别般若的使命，观自在菩萨的目的，即是建设无我真理的文明，毕竟才能救自己也才能救世界。救济的方法，就是"五蕴皆空"的无我观为根本。这即是《心经》的序论的大纲。

般若心经的人间观——本论

前面说过《心经》富有理智哲学的宗教的特征，所以《心经》是为佛教理智的结晶。其本论（正宗分）的前半属哲学的方面，于量上与宗教实践门相等。加之，前为哲学部门，这在本经上应大为注意。依观想说，宗教为哲学的根本；要以哲学说，则哲学为宗教的初门。这部《心经》是以理智为本质，是般若哲学空观佛教全体时代的产物。

一般哲学所讨论的问题，包括宇宙自然的问题、认识的问题，及人生的问题。佛教哲学的问题也不能例外。不过在分类方面稍有不同，但也包含这些问题在内。这于《心经》的哲学的理论门，把人间观当为认识论，把世界观当为自然哲学，并且包括人生观在内。佛教于现实分为正报与依报二大部门。这个现实，是过去的结晶果报，其中自己，乃人间主要的果报之一，自己所依处的自然及人生，都为宇宙客体的果报。自然界及人生从多数共同力招感所得的共同果报。但个人自身乃为自己一人的业力招感，依个人的业力不特可以感受人生果报，即三乘四果也是依人生观为起点，故把四谛、十二因缘、六度、三乘教法列为人生观，这是根据有情世间的分类。所以现象中若把自己及宇宙分为正副、主客、亲疏的区别；自己为正报，则宇宙可说为副报或客报，依处所显其果报的意义，即为依报。

要说明自己即是人间观正报论及宇宙观的依报论，当以佛教哲学最为圆满。而且《心经》的：

舍利子，色不异空，空不异色，色即是空，空即是色，受想行识亦复如是。

这一段文，正是人间观的正报论，此中听者舍利子的人格，及色受想行识的五蕴，前章已有说明，兹不再说。今但以发挥空的意义及五蕴与空的关系为主要的论题。

要观察万物有两方面：一是横的为空间的方面，要观察万物存在的价值。一是纵的属时间的方面，要说明生成变化的过程，佛教对于前者的价值观，属于哲学，说为实相观或实相论。后者生成观，或其哲学，说为缘起观或缘起论。所谓实相，即是如实相或真相意。所谓缘起，即因缘生起意，凡物必有因果关系而得生成。此中缘起观，包含于人生观中，这段文正为实相观的说明。

要观察物的价值，是有多方面；现代的一切学术，各各都有它的价值观，所以价值观有多方面。但大都说善恶的价值，伦理的价值观，评论美丑的问题为艺术的价值观，研究真伪为论理的科学的哲学的价值观，考验苦乐的问题，为心理的宗教的价值观的四种，所有的价值观都属于这四种类，而佛教以种种形式说明这四种的价值观。但在这里不能详细说明，这些价值观的内容仅能作抽象的论题。

一、心经有空观

依《心经》思想的价值说，即是有空二大思想，"舍利子，色不异空，空不异色，色即是空，空即是色"。换句话说：所谓色者，即是有，所以"有不异空，空即是有"，不偏于有空为中道思想，是佛教正当的见解。但《心经》为调和有空二大的思想，并且以非有非空中道的思想为主体，于此实可看出《心经》于佛教思想史上重要的地位。

但有空的概念是怎样？在有空的价值观，分为现象的有空观与本体的有空观。前者为一时的暂有的存在，就现象界的诸法——生起、灭尽、离合、集合上判断有空的价值。后者于宇宙的本体的如实相上判断的有空；《心经》，所谓"色不异空，空不异色"二句，这是为现象的有空的价值观，就中前者说明空，后者说明有。结果所说的有空不异。"色即是空，空即是色"的二句，这是为本体的有空的价值观。前句同为明空，后句明有。二句合成即是毕竟有空观。今分别说明现象与本体的有空观：

第一，说明现象的有空观　要说明现象的有空，可分为生成的、化学的、心理的三方面。

一、生成的说明，一切物生成必受因果律的支配，譬如说草木生起，必先有原因的种子与助缘的雨露风土的结合的调和，然后才有草木生起，这个说为从因缘所生。凡是物的生起，必先有因有缘的存在，由有因果律，由有因缘力，这样的生起的东西，分明不是永恒存在。若是因果的关系分散，因缘力尽时，即失去物的原形，结果归于无，便成为空，这是依因缘说为灭。人间的色蕴，即是肉体，正是现象之一，当然也不能例外。必受因果律支配，由于因缘和合故有生灭的不定，由于依因缘而灭，故说色为无，为空，这即是"色不异空"，这是依肉体说为空。反之肉体依因缘生，故说为有，这即是"空不异色"，这是依肉体说为有。毕竟生成的有空观，都是依因缘和合与否为有无的定论。

二、化学的说明，前生成的说明，乃约纵的时间方面，就物的生灭所得的有空观。这个化学的说明，乃依横的空间方面，就分析上所得有空观念。现代化学依原子集合成为分子，由分子集合成为物体，在佛教说物体由极微（原子）的集合所成立。反之，个体的破坏消灭，乃依分子或极微的离散，毕竟物的有无乃由原素的集合或分散为标准。所以吾人依化学的实验，将个体的分为二分，或四分乃至无数分，到不可分的地步，一一分解分析所得，殆近于空，这个空的观念，佛说为邻虚空。把物体一经分析，即失去个物的形体，其结果所得便是空，这样的空，佛教说为析空观。这是低级程度的空观，一切物体都依原素的集散，或有或空。色蕴即肉体，也是依于原子、分子、细胞的集散所构成的生灭。因为肉体或空或有，才可以说"色不异空，空不异色"。

三、心理的说明，这也是依空间的认识上，说明有空的观念。在主观的心识与客观的境物相对时，因有物的存在，吾人的心识才能发生认识的作用。试开眼一看，就有色彩的世界，若侧耳一听，有音声的世界，乃至意识所缘的一切的世界，反之闭眼乃至遮蔽感觉，以及断灭意识，则色彩的世界，一切感觉的世界，乃至意识的世界，都归于空无。这个不仅以个人的心识为中心的处所，所有人间的心识生灭都依客观的外界，或存在为有，或消灭为空无，都是同样的事实。这是主观的心理的认识的观物有空的价值，即是唯心的有空观。今色蕴即肉体的有空，乃依于心识的有无，所以可以说："色不异空，空不异色。"无论是化学的有空观、心理的有空观及生成的有空观，同为有空，必受因果律的支配，可以想象的。前者依于原素的集散，即依因缘因果律，后者是依心识与对境，亦即依于因果的关系或有或空。故三种的有空观，毕竟都属于因果律有空中所摄，这在佛经说：

此生故彼生，此灭故彼灭。

也就是依于因缘生，故为有；依于因缘灭，故为空。

第二，说明本体的有空观　前说的现象的有空观，于差别现象界，就各个物体一一的价值观。今所谓本体有空观，总该森罗万象，为全体的宇宙的价值观。佛教的本体观，是超绝的本体与相即的本体观，所以在本体的有空也有此两种分别：

一、超绝的有空观，这个宇宙的本体，是超越差别现象界，不同于现象，是实在的、平等的、绝对的、唯一的、真理的、纯善的、完美的；反之，现象界，是差别的、相对的、复杂的、虚伪的、罪恶的、丑陋的，所以宇宙的本体与现象界，是迥然不同的。差别的现象世界，在人间相对的意识感觉前，是假无假有的世界。然这些意识感完全停止作用的时候，纯粹的理智显现，这个理智即能直观完美宇宙的本体真如。现象界为差别的假有，本体界空去一切差别的智觉作用，所表显的都是平等，凡是超绝差别的相，就是空。故宇宙的全体，一面观之为有，一面观之为空，这即是超绝现象观的有空观。也就是法相宗、三论宗等的本体观。

二、相即的有空观，本体与现象已如前说：是超绝的、各别的观察，不是真实相观，吾人于思维的形式上虽然有分别的观想，其实本体与现象一时也不能分离的唯一不二的存在着。换句话说：现象中有本体的存在，本体与现象是相即融通无碍的，一色一香，莫非中道。

这样的观察最适合宇宙的实相，就是相即的本体观。而于因缘因果的关系假生灭的差别的世界，其尽全体不生不灭恒久普遍的存在。即生灭为假有的世界，即生灭为空无的世界，这即是华严宗、天台宗等的本体观。

一般宗教哲学的思想，都是偏于一方，不是唯神论，就是唯物论。而偏于一方的思想，都是不契合于正道，只能止于片面的真理，不能实证诸法的实相。佛经深澈的体验：对偏于常住实有的，说为常见，对偏于断灭空寂的，说为断见，这两种偏见都为谬见的迷执，故同遭排斥。而真正从体验中得来的正观不偏于常，也不偏于空，乃贯彻现象与本体，真俗二谛圆融无碍的。故无论于现象的有空观，或本体的有空观，一面要涤除一切情见及相对的概念，一面要贯彻现象而无所碍，而努力于不偏于有，不落于空，真俗二谛无碍的中道观。这种观想不独佛法是贯彻现象与本体，并且贯彻于宗教与哲学及伦理学价值观。故《心经》的"色不异空，空不异色"的前二句，乃依现象的有空观。"色即是空，空即是色"的后二句，乃依本体的有空观。五蕴第一为色蕴，即依此不偏于有，不偏于空的非空的中道正观。第二受蕴，"受不异空，空不异受"——如前说，其理相同，总结的说："受想行识，亦复如是。"吾人的身体，即是色、受、想等五蕴的要素结合体，这一一的要素，都以不偏于有，不落于空，故用"不异""即是"来说明色与空的关系。不仅否绝了相对的有空，而进一步超越有空相待而实证非有非空的中道观，冥契毕竟绝待的空性，悟入佛教本质的思想无我观，基于无我观而实行佛教救世的正道。这一段文的解说，乃前说的"五蕴皆空"的敷衍的细释。

二、诸家中道观

诸法的价值观，即在探求诸法的实在性。无论说有说空，或实有论、皆空论，都是归于正反二大思想。而宇宙的如实相，本来唯一、绝对、平等、不落于有空的相对观，若强以相对的观察，即是非有非空，亦有亦空。实有论、皆空论，仅不过为如实相的半面观，或偏于有，都是走入极端偏颇的思想。

今以不偏有空以如实相的观想，诠表中道观的妙义。同时中道观，就是不偏颇于一方，或落于浅深，即在佛教思想史上也不得止于一边。法相宗的唯识中道论，以折中有空二大思想，为论理的显现如实相。三论宗的八不中道观，超绝相对，依绝对的认识，直观如实相。天台宗的三谛圆融中道观，即现象全体肯定本体，即于现象内在如实相的中道。

唯识法相宗的祖师无著、世亲兄弟，都属于有部的末派，大众部化的化地部，及经量部，继承现在有体过去未来无体说。一方继承《解深密经》、"瑜伽部"等唯识思想，说有体的现在法的根本，即是阿赖耶识，或说为心识，依此心识成立唯识中道论。即依三自性显一切非有非空的存在，故不断定为有为空，毕竟唯识所现为有，非是空，非识所现的为空，非是有。即依心识成立非有非空的中道观，统一前有空二大思想。

三论宗的八不中道的典据，即《中观论》的卷首，"不生亦不灭，不常亦不断，不一亦不异，不来亦不出"的四句四对。凡夫的迷执虽多，但总括不出此"生、灭、一、异、断、常、来、出"的八计，这个说为八迷或八计。凡夫因有如此的八迷，故不能悟达佛所说的中道真理，故破此八迷说八不显中道第一义。诸法的本体即菩提涅槃的真理，是超越了八迷很远。然凡夫依于情执而起八迷，若否定此八迷的所在，则中道即显现。因此《般若心经》不生、不灭、不垢、不净、不增、不减的六不与前面八不中，不生不灭相通的，所以除去这二不，成为十二不。八不中道观与十二不中道观相同。

三论宗的中道观，超越相对的差别的现象，否定理想的要求，只是偏于非空非有消极抽象的中道观，故未能显出空有相即积极性的中道义，不能评价事实世界的真相，所以不能契合宇宙的如实相。于大乘佛教的真义，现象即实相，本体即现象，烦恼即菩提，生死即涅槃的真理也未相应。而立于"内在"的积极的中道观，即是三谛圆融观的天台宗。对《中观论》的八不说与空假中三谛说，即于《中观论》超绝的中道观而有"内在"的中道观，特别显示空假中三谛相即圆融的中道义。所以继承前者的思想为三论宗兴起，继承后者的思想，这即是法华的实相观，天台宗兴起。

所谓三谛，即空假中的三谛，其出典于《中观论》第四的《四谛品》"因缘所生法，我说即是空，亦名为假名，亦是中道义"。所谓空者即无差别相的平等性，所谓假名，假现万象的差别相，宇宙间无论从全体观之，或从部分观之，没有一点的偏颇，并且是调和的，于空假平等性中有差别相，这些空假全体即为中道，空假中三者圆融为一体，故万物完全成立。若依三谛圆融中道实相观，非是空假以外有中道，就是万法内在的，一即三,三即一的如实相观。唯识多明有义，故于三自性，扩大依他起性，一切依他如幻。三论多辩非有非空义，故于三自性扩大遍计执性，一法不立，有无皆遣，只显空而未能显不空的真理。按《起信论》说：只能显如实空而未能显出如实不空。天台宗的三谛虽带有禅定的色彩，然皆不及《心经》的绝待的空性，所以般若中普遍的运用"不异""即是"来说明色与空的关系，用彰非有非空的中道妙义。以般若的空观显非有非空的中道义，详说于次章。

般若心经的世界观

前章以人间观为主体，说明佛教的观察法，特别就《心经》的人间观，力说人空观的要谛。从这章起，就人间的对境宇宙，即人间所依住居的依报，说明佛教观察的见解，特别依《心经》的理解，说明法空观。即《心经》的组织中所谓宇宙观也就是依报的处所。就中更分世界观与人生观，先从世界观说起。

舍利子，是诸法空相，不生不灭，不垢不净，不增不减；是故空中无色，无受想行识，无眼耳鼻舌身意，无色声香味触法，无眼界乃至无意识界。

这正是《心经》的世界观。但这个并非佛教的世界观的全体，仅不过其一部分而已。佛教把世界分为三世间，生物，即有情的正报，说为有情世间。其依报即所依山河大地佛国土，说为器世间。以前二种世间为组织的要素，就是五蕴世间。今《心经》以部分为要素，仅以说明五蕴世间为主体，实缺少国土世间说明。正报有情世间，前章仅说了一部分，尚未尽其全体，这些不足的问题当依次补充。其实有情世间的全体说明，应该在前章正报人间观中，这与国土世界的说明有其不可分的关系，所以于便宜上该同时说明。

依照《心经》说这一章为说明三世间中的五蕴世间，就中分为二段：前一段"舍利弗，是诸法空相……不增不减"为总论抽象的法空观。后一段"是故空中无色……乃至无意识界"，这是依于根、尘、识三具体的说明诸法各个场合的空观。由于五蕴皆空，六根、六境、六识，十八界诸法亦空，此可参照《心经》的组织。

一、诸法空观

关于空的概念，前章已详细说过，但前章以有情为主的，特别以人间为主观的空观，即是人空，或我空观。这章是以主观人间的对境，说明诸法的空观，即是说明法空观。佛教总说这二种空观，或说人法二空观，或说我法二空观。要依佛教空观完成上说，于人空观上不可不说法空观，这是空的究竟观。

有情的人间生命体，就是无自性、无固定性，是无常变化的生命。其客观的诸法也是同样的无自性、无固定性，是无常变化的生命。由于无自性、无独立性，所以一切可现为有。故《中论》曰："以有空义故，一切法得成。"要观察人间及人间诸法的真相，这吾人对于诸法的真相及物体的固定性不可不附加审思。要肯定物体的固定自性，或善，或恶，或生，或灭，都是堕于偏见，远离真相。审思物体的固定性，要是偏于一方的，名为偏见，这个说为迷。佛教在破除极端偏见而以悟达中道实相为目的，故否认一切或断，或常的偏见。在《大品》中普遍运用不入不出、不增不损、不垢不净、不生不灭、不取不舍，以扫除一切知见。继承般若空观的思想为兴起大乘佛教的空观三论宗的祖师龙树菩萨，其著《中观论》，（依空观说明中道实相共四卷）的卷首，即说"不生亦不灭，不常亦不断，不一亦不异，不来亦不出"八句四对。（龙树八不中道无异脱胎于《大品》十不中道。）凡夫虽然有许多的沉迷思想，但不出这生、灭、一、异、断、常、来、出的八种，这个说为八迷。这些都是肯定物的固定性偏于一方偏见，都是不契合于诸法的真相。要观察宇宙间唯一的中道的真相，这些生灭乃至来出等的相对二见，到底不可能为诸法的正观。要打破这些相对的偏见，才可说为正见正观。今这个八迷，是用否定的（不）字，不生不灭乃至不来不出，是表示不涉于相对的二见，打破固定性的偏见，以唯一中道实相为正观，说为八不中道观，即是悟此中道观。般若正统系三论宗，是发扬龙树的八不中道的主义。而今《心经》亦有"不生不灭不垢不净不增不减"的六不，却巧与《中观论》的八不说如出一辙。两者的思想完全相同，不仅《心经》是这样，在般若经中到处有如此否定相对的说法，所以说龙树菩萨为般若的继承者。《中观》的八不与《心经》的六不中，不生不灭的一句是相同的，可归摄为一，其他合并立为十二不中道。

就八不或十二不的一一说明，三论宗有独特的解释。但今以《心经》为主的空观，在前章已说过是解释七空相为主体的，今以不偏于宗派的见解为解释。

不生不灭：解释诸法自性空，依照诸法表面观之，都是依因缘而生，依因缘而灭，生灭没有一定的时间。由于诸法空无自性，故没有固定性的，因此也就没有实在的生，实在的灭，既不见生，也不见灭，这是中道的实相观。然世间人缺少正见，不了诸法空无自性的乐观派的人，以生为喜，以灭为厌，厌世主义的人，厌生欣灭，都是落于极端的偏见，不契合于中道的实相。

不断不常：世间人迷于因果相续的真理，或说人死以后，身心一切都归于断灭，如同灯熄一般，还有什么东西相续？这叫作断见。或相信生前死后有个灵魂，是常住不灭的实在，外道婆罗门教、耶教徒都有如此信仰，这叫作常见。无论是断见，或是常见，佛教都不采取。以一切法因缘和合而生，故非断灭，以因缘分散而灭故非常，以不断不常的中道，为正命的生命观。以人生死后，或诸法灭尽时，在形式上虽有变化，但实际上

——在相续，这是生命体，吾人的生命实是不断不常的中道。

不一不异：一是同一平等义，异是差别义，于哲学上就是宇宙的本体与现象的关系，于宗教上为神与人的关系，两者或说为同一平等的，或说为全然差别的。前者为否定现实差别的世界，而梦想平等的世界，是破坏论的主张，若固执般若空观的思想，即堕于此弊。后者神与人，即本体与现象完全不同，故不能发挥神人父子的关系及一切众生皆成佛的理论，乃至本体即现象，神人同体最高的实相论。反对神与人一体平等理论，这是一神教及其他宗教所主张，且都堕于此弊。佛教对本体与现象，佛与众生说为不一不异的中道，亦即是本体即现象，差别即平等。

不来不出：苦乐因果的招感说，苦乐的因，大都认为从外界来的，即如在自己以外有个上帝，或是自在天，或运命等，都是赋予人间的苦乐的，这即神权论、天命论、运命论的主张。反之，苦乐完全由自身出来的，即自作自受的自业自得说，这都是极端的偏见。佛教根本否认有个赋予人间苦乐的原因神格，或大自天，运命等。苦乐的因依主观的六根而缘客观的六境相接触所生，不但非是从外面而来，亦非从内界而出，依于主客内外因缘和合，说有苦乐生。

不垢不净：垢为垢秽，就是烦恼垢污的状态。净为清净，即解脱烦恼的状态，前者为凡夫，后者为佛陀。佛与凡夫如前说，非是本质的相异，就属性的烦恼与菩提（觉即烦恼解脱的状态）说，其本质上非是全然不同。烦恼为人间生命本能的情意的总称。若把这个纯化净化即为佛，亦非有个烦恼性可断灭。因为烦恼根本无自性，菩萨于诸法空相上，既不见垢，又不见净，故说烦恼即菩提，无明（根本烦恼）的实性即佛性，故说不垢不净的中道。

不增不减：解释七空相的无所得空，在大海里有许多波浪，有无限的小波大浪与波澜曲折的生灭变化。但其水性本来没有增减，生灭变化的增减是属于形式风浪，所以天地间虽有森罗万象种种生灭差别，但其本体上不增不减。前说的不生不灭，乃依表面的现象界说，今不增不减依里面的本体说，以诸法空无自性，而此空性，非是先无后有，或先有后无，故说不生不灭。而空性的本质，非染非净故说不垢不净，而此空性亦非因证而增加，不因未证而减少，故说不增不减，悟入毕竟空性，离一切相，故说："是故空中无色，无受想行识。"

以上八不与六不合为十二说，总括宗教、哲学上的一切问题。由此可看出佛教的判断的标准及修道的模范。特别是《心经》以此六不三对的否定法，把世间

——的相对概念都否定了，从此否定的方式中显出绝对的空性，是故六不三对不仅有否定一切相对的空性，并且超越空有相待而实证"不生不灭不垢不净不增不减"中道实相的空性，完成从空观到中道的架设桥梁的任务。

二、三科空观

构成宇宙组织的要素，就是宇宙间万法。佛说宇宙的诸法，但可能为其代表的，就是五蕴、十二处、十八界的三种，及色、心、心所、不相应，及无为的五位分类法。前者三科的分类法比较的古老，印度古来宗教哲学家于诸法分类同此见解，故此三科并非释尊的创造，但经释尊融贯改造成为佛教的分类法。

所谓三科，科是品目义，就是把宇宙万有诸法从无量类分为三类，一是五蕴分类法，二是十二处分类法，三是十八界分类法。就中五蕴前已说过，今仅就十二处与十八界分别说明。十二处为十八界中的一部分，名义均相同，所以以说明十八界为主。

所谓十八界，即眼根、耳根、鼻根、舌根、身根及意根，总名六根。色境、声境、香境、味境、触境及法境，总名为六境。眼识、耳识、鼻识、舌识、身识及意识，总名为六识。六根、六境、六识合起来总称为十八界。界者，梵语驮都（dhetu）为种族式种类义，这相当于论理学上说类概念种概念义，即是把诸法分成十八种类，所以说为十八界。此中六根的根，为发生认识作用的中枢机关，佛教解释此根为胜用增上义，即是有强力发生认识的增上力量。如图示：

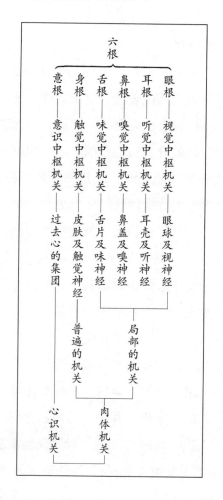

眼根乃至舌根的四根住居于面部中。第五身根，遍在身体的全部，这是任何人所知道的。而此五根都属肉体机关，表现于外部的，例如眼球乃至皮肤称为扶尘根。潜在于内部而有微妙神经，名为胜义根。所谓尘者，乃粗恶弃舍义；因为眼球乃至皮肤，比较神经为粗质。无论是眼乃至身的五根都为肉体的机关。第六意根，为意识的中枢机关，吾人现得的心识，乃过去的心识的再发再现。过去落谢心的集团，说为意根，可说为过去的心识的一切经验总体，其为精神的总机关。次为六境，即前六根的各各的对境，依人间的主观的六根分类客观的世界。即色、声、香、味、触、法的六境。此中前五境，依次第为眼、耳、鼻、舌、身五根的中枢机关的对境，为部分的世界。第六法境为第六意根的对境，即色心一切世界，无论为物质界，或精神界一切世界的总称。意根以三世十方的一切色心世界为对象，引起意识的作用。最后六识者因主观的六根与客观六境的接触所起的认识作用的分类。因此亦分为：眼、耳、鼻、舌、身及意的六种。譬如因眼根与色境接触所起眼识，即是视觉，因耳根与声境的接触所发生耳识，即是听觉，乃至意根与法境的接触所生意识，故六识的名，依各各主观的六根而得名。即前五识视觉、听觉、嗅觉、味觉、触觉，第六识意识。而意识为统一前五识认识根本的主体。试图示十八界的关系于次：

识发生及对境的认识

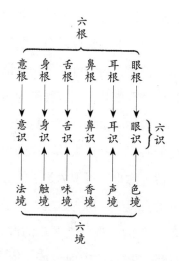

此中六根与六境，总称为十二处。或曰十二入。处的梵语 Alayamana，是生长门的义，六根六境，依其接触而生长六识的场处。三科中，五蕴的分类法，原来是一个人体组织的分类，若是依此五要素的分类法，即可看见世界的组织的分类。由此观来，三科即是一切世界组织的要素及诸法的分类法。把同一世界或分类为五种，或十二种，或十八种。这三种的分类，毕竟为同一世界大体上分别，要是细分就有许多不同，要是从其范围宽狭分配三科，即可使彼此互相摄尽。今依三科配合，图示互相关系如次：

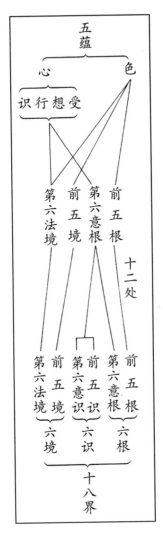

　　十二处中的眼耳鼻舌身的前五根，为肉体机关，所以该当五蕴中的色蕴。受想行识四蕴属过去落谢的，即

为十二处的第六意根。又依此意根发生现在的四蕴，所以两者只是时间的相违，而其本质同一的。第六法境，包含色心一切法，所以该当五蕴的全部。十二处的第六意根与十八界第六意根同一的。六识的过去落谢的，即是第六意根，复依第六意根而发生现在第六识。所以十八界的意根及六识，为十二处的第六意根所摄尽，同时该当五蕴中的四心蕴。其他的关系准前可知。

同一世界，为什么要从三方面分别粗细呢？其目的何在？此中但为一种的分类？非是多种。为什么佛陀要并用此三科呢？这些在世亲菩萨《俱舍论》第一解释，释尊为应佛弟子或教徒的性质而分三科。或五蕴、十二处，或十八界，以此三种理由而分别三科。第一为有情迷于众生故说：

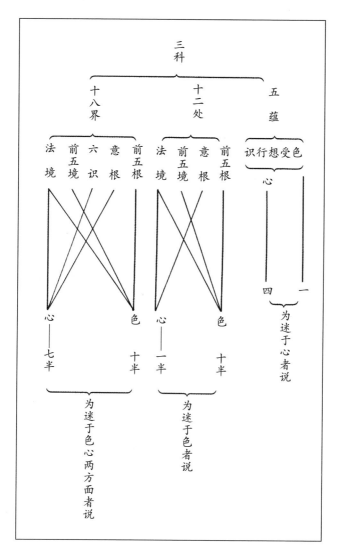

因有情的性质有种种不同，或有迷于心的道理，或有不明精神现象，故详说五蕴以分解心状。或有迷于色

的道理，即是不明肉体或物质现象，乃详说十二处分析色的种类。或有迷于色心两方的道理，乃详说十八界，分说色心两方大作用。第二为应有情的智识程度者说，即是为利根有情略说五蕴，于钝根的有情广说十八界，为中根者于繁简得宜说十二处。第三基于有情的希望而说，即希望略说的，说五蕴；希望广说的，说十八界；希望中庸的，说十二处。然则说三科目的究竟为那边呢？分析人身？抑分类世界？从人及世界都可以看出种种要素的因缘结合及相依的关系，现象界人身的诸法都是假和合的东西，依种种的关系一时的存在都无固定性、无自性、无我、空，佛陀为贯彻一贯无我主义，显示空无自性，故运用三科分类法。原始经典的"阿含经"，虽到处都说无常、空、无我、无自性，五蕴、六根、六境等的三科说法，依其义可见其思想并非究竟。由此看来，三科说法的目的却与《般若心经》的空、无我、无自性的说法为一致，若以空为正当解释三科即获得无我的结论，所以无色，无受想行识乃至无意识界等。而《心经》非是特别表现空、无我等的文学的必要，因为空、无我、无自性真理，自原始佛教"阿毗达磨"以后，一分学者即分别五蕴、十二处、十八界等的法相，专心于诸法的分析说明，走上哲学理论的末路，从事于思想的游戏，把概念思想，当为佛教的真理，忘却佛说三科的动机及其目的，所以不能彻见空无我的真理实相。依于三科的说法，引起教学上的执着，以有相派对抗实相的教义。"般若"挥以无我、无自性的空剑，即在打破三科的固定性教相，否定概念的真理，揭出绝对的真理生命，把天地宇宙间五蕴或十二处、十八界所有的种种差别相，如风一般扫除了，超越了种种差别相彻见平等中道的大法则，把普遍一味的真理活泼泼地显露出来。这个大法则，大真理就是"般若"的理智，《心经》为要建设这种理智，故打破三科教相，否定三科的教法，所以说："是故空中无色，无受想行识，无眼、耳、鼻、舌、身、意，无眼界乃至无意识界。"即是彻底显示六根、六境、六识都是空无自性，以揭出诸法空观，力说中道观为最高的目标。

般若心经的人生观

佛教的宇宙观，通常分为二大别，即是自然界与生物界。前者为生物世界依住，如同容器，故名为器世界。后者称为有情世界，前章对自然界即器世界观已略说过。今说明生物界即有情世界观。有情世界，下从地狱、饿鬼、畜生、修罗，并人间、天上分为六道；再加声闻、缘觉、菩萨及佛的圣贤四界，称为十法界。但圣贤的世界，超越一般有情世界，就是宗教世界，非是有情界的中心。但人间的主要，并不出圣贤的世界，且佛教所说的言教，于六道中，都以主体的人间为对象，所以扩大的说为有情世界观，于狭义的说，即是人间世界观，所以今于此特别名为人生观。

人生观的主要问题，即是观察人生的起源、现实及理想、伦理道德等，今《心经》说明人生观起源；即是

无无明，亦无无明尽，乃至无老死，亦无老死尽。

这是解决人生起源的问题。

无苦集灭道。

这是解决人生现实及理想的问题。

无智亦无得。

这是解决伦理道德的问题。仅以此数言即可网罗人生观的主要诸问题，以般若空主义为根据，来解决这些人生的问题。

佛教说明人生起源问题，或说十二因缘，或说十二缘起观。所谓因缘，即原因及助缘的义。所谓缘起，即因缘的关系，为人生的生起义。依因果说明人生的生成的程序，即十二支或十二段，为十二因缘说。今"无无明……亦无老死尽"。这一段文，正是出于十二因缘。佛教说人生的现实及理想的问题，说为四谛。谛者，真谛、真理义，以四种分类说明现实及理想的真实相如实

相。即苦谛、集谛、灭谛、道谛的四谛说。今"无苦集灭道"，这正是《心经》的四谛观，亦即现实及理想观。佛教道德的分类亦有多种，但以六波罗蜜多，即以六度为最高道德观。今"无智亦无得"的一句，这正是出于六波罗蜜多的中心，《心经》的主义，即是力说般若波罗蜜中智慧波罗蜜为第一。若以《心经》的这段文包括人生所有的问题，特别佛教人生观的诸问题，亦不为过言。

古来佛教的修学者的分类，通常分为声闻、缘觉、菩萨的三乘。声闻者，即亲听佛陀言说音声说法教义，信受奉行，安心立命的部类。缘觉者，或称为独觉不听佛陀音声说法，乃独自观察天地自然的因缘生起及人生因果生灭的道理，所谓以无师独悟的态度悟入宇宙人生的真理部类。因觉悟因缘因果的真理，故曰缘觉。以无师独悟的态度，故名为独觉。次为菩萨，即依自利利他的道德的实践体验，说为成就佛道的部类。而声闻、缘觉、菩萨的三部类，其各有相应的教理，以其教理成就佛道达到理想境界，所以三部类的教理，总称为三乘。

声闻，乃依四谛的教义而悟道；缘觉，乃依十二因缘理而悟道；菩萨，依六度行而悟道；声、缘、菩萨的三乘，次第配合四谛、十二因缘、六度专门学科，这是古来佛教的判断，特别是天台家所主张。今《心经》依缘觉、声闻、菩萨次第配合十二因缘、四谛、六度顺序，富有原始面影，极浓厚的滋味。《心经》即采用的这个程序。要依从佛陀思想成立的程序，这十二因缘、四谛，所表现教义，其修行程序实有修正的必要。应依佛陀听法的声闻，进至无师独悟的缘觉，从听闻信解四谛教而内省静观，而深入十二因缘理，所以天台家即基于这种程序，故有声闻四谛观、缘觉的十二因缘观次第，再进一步有菩萨以六度观为最高大乘教，即菩萨主义。佛教主要的目的，非仅限于教理观念，乃在实践道德，而实践道德，以六度列为最高的法门。

依修行的程序，应由浅而入深，今《心经》先说中乘十二因缘，次说小乘四谛，后说大乘六度，这未免不合三乘思想修行的程序。但依诸法空相说；三乘次第皆是假立，《楞伽》曰："初地则为八，十地则为初，何以故？无所有故。"又有什么次第呢？今不妨以方便修正《心经》的内容，以四谛、十二因缘、六度的次第，符合修行层次。

一、现实与理想

佛教的现实观及理想观，就是苦、集、灭、道的四谛教理，这是世出世间的根本观。所谓四谛，即苦集灭道，也就是佛教现实及理想观。

四谛中的苦谛，为人生现实的价值观；也就是人生现实的世界，具有生、老、病、死的四苦，及爱别离苦、怨憎会苦、求不得苦、五阴炽盛苦的四苦，合成为八苦。所以现实的人生纵许有一时的快乐，但其结果终离不了这个八苦，在八苦的世界里怎么能安心乐道？所以人生本能的要求，就是要离苦得乐，更进一步，就是自觉解脱。

要讲离苦得乐第一步，不可不探求这个苦果生起的根源，佛陀所揭示苦的原因，即是不道德的行为，不道德的行为所造成的罪恶，即是烦恼的业，这个业为苦的原因。由此集起招感苦果，所以这个为集谛。集谛实是苦谛的原因，苦谛实是集谛的果，苦集二谛有因果的关系，或曰俗谛因果，也就是世间的因果。要具体的了解人生因果现实，最明显的，就是同生于人间，为什么有贵贱、贫富、强弱、忧喜、苦乐等种种的差别？在不了解其原因的人，不是说为神，就说为天命，或运命等。祭祀神格，哀求神的同情，想以此解决离苦得乐，这样的人类尚未脱离神的羁绊，使人类失去自由独立自觉的意志。佛陀根本否定一切神教，排斥一切祭祀万能主义，人生现实苦的根元，不归于超出自然的神格，也不属于万能的造物主。乃在吾人自身所创造立于人间本位伦理的宗教，把人间从神的羁绊中解放出来，主张人类的自由独立，促进人生自觉的进化为目的。苦乐的原因内在的，存在于人的自身，即因过去的经验烦恼业力，招感自己现在的结果，现在的自己经验烦恼业的力，又将招感自己未来的结果。苦乐的原因，都归于自身的责任，依于自己的自由意志努力，可开拓善美的世界，创造得意的人生。这个苦谛的原因为集谛，即自身的内在烦恼业，依于人的自由意志，感招实在的世界，创造美满快乐净土，这即是灭道二谛的世界观。

所谓灭谛，即是灭除现实苦的原因烦恼业，离开现实苦而达到解脱的境界。所谓苦灭圣谛，或曰苦集灭圣谛。佛教徒的理想，即指涅槃界，佛陀于成道时即现身证得灭谛涅槃。灭谛涅槃的境界，是圣者体验的境地，而超越吾人的意识，不可言不可说的绝对境。若假以言语来形容，即是自由、安稳、清净、善美的境地，入此境地的人格称为佛陀。把这个境地，或说涅槃界，或涅槃的乐土，或曰净土，相当其他宗教所谓天、神、灵的世界。

通达此灭谛涅槃理想境，这个为道程，称为道谛。即是到达理想境的方法。换言之，即是解脱道。但在道谛实践道德的内容，总称为三学、八正道、六度等的道德，依这些道德的实践而达到涅槃理想境界。

灭谛为道谛的结果，道谛为灭谛的原因，故灭道二谛间有因果关系。这与前的苦集二谛形式相同，然灭道二谛的世界，即是把所有的苦集二谛灭除所得的现实世界，所以苦集二谛为俗谛，即为世间的因果，灭道二谛为真谛名出世间宗教因果。

以上仅以说明四谛教理的概念，但这个四谛的概念的说明不能满足的，这是原始佛教根本的教理。要实现四谛真理，必须挥以般若的空剑断定"无苦集灭道"。把原始佛教根本形式主义否绝了，实现"般若"的四谛观。否定了概念的分析谛理说明，建设其不可说不可坏的奥妙真理。四谛的教理是释尊大智所证的真理的表现，所以四谛独有其真理的开显。要是彻见宇宙真理，则苦谛即灭谛，集谛即道谛，苦集俗谛，即灭道的真谛，所谓真俗不二。非是离世俗谛外，另有真谛，亦非是现实世界外，另有价值的世界。更不是说，离开现实苦的世界，而有超自然的、超人间的，理想极乐涅槃及佛陀圣者的世界。所以佛教不同意婆罗门教、基督教所说离开人世间有个天堂。佛教所说现实即理想，世出世间不二，真俗不二观，绝不是苦集二谛以外，另有灭道二谛。在两者的本质上并没有不同，转苦集二谛为纯化处，即是灭道二谛，故四谛无论从横的或纵的方面观之，四谛是唯一的真理，以此为法则，名为真理，名曰法界，名为佛，这即是般若大智慧现前的真境。所以一切言教所表现的真理，或从真俗因果的四面分析的所得的真理，要依"般若"的见地观之，都属概念的言教。且真理决没有四种，唯一绝对的。这个唯一绝对的真理，是超越了吾人相对的思维，分别的意识，是离去言语的形式不可说不可说的境界。反之概念的四谛，非是绝对的真理，故《般若心经》用肯定的词句断定"无苦集灭道"。这是警诫声闻徒众要忘却概念的真理，要实际体验绝对的真理。以般若批判声闻的人生观，再进一步即入大乘的人生观，否定四谛成为般若的见地，非为破坏而破坏，乃为绝对的真理而破坏。在"无苦集灭道"的命题否定的断案中，含有无尽藏的真理的意义，所以吾人不可不依"般若"的四谛观，为吾人的人生观及生活态度根本的原理。

二、缘起与轮回

生物，特别是把人间生成缘起生灭变化，谓之轮回说。佛陀把轮回缘起的过程说为十二段，这个说为十二因缘或十二缘起。佛教的轮回说，全在十二因缘说，所以今要略说之。所谓十二因缘者，即无明、行、识、名色、六入（或曰六处）、触、受、爱、取、有、生、老死的十二支。

第一项，十二因缘观现在先从逆观方面说明十二支：

老死　无疑的这个世界是苦的世界，苦又分四苦、八苦等，就中老病死的苦，为最大的代表者，所以现实的苦，就是老死。然这个现实的老病死的忧悲苦恼，是从何因缘而来？其原因何在？这个因有——

生 因为有生，当然要受其苦恼的结果。所谓"生"，就是生于此世界的一刹那。若严密的说，即指托生于母体的一刹那。就受生于这个世间，亦非是无条件，然则为何因缘而生于这个世界？即是未生以前存在的——

有 吾人于受生以前，不是没有时间与空间的世界，那个世界在吾人未生以前即存在，这个名为"有"。要具体的说：分为欲有、色有、无色有，而此三有所依的器世界及有情世间，都为业报所感，这即构成吾人生命意志直接活动的根据。这个"有"的中心作用，就是所谓——

取 所谓"取"者，即取着，或执取的义，把自然界执着为我，不舍执着、着取，即是意志的作用，这个世界实是意志流动相续不断的处所。但这取着的作用生起的根源，就是有——

爱 所谓"爱"者，即贪爱欲爱为生存欲望。依其对境分为食欲、财欲，即所有欲；色欲，即性欲等，这是生命的生存欲。但初步所能引起心理上作用，即因——

受 所谓"受"者，即苦乐的感情。要是没有苦乐的感情对于非情非生物中，也就不会引起生存欲的爱。反之，要是苦乐的感情发生于离苦求乐的处所，即有受生起，受实是爱的缘。所以受属于感情作用，但受又由何因何缘而起？因为——

触　所谓"触"者，依主观的五根与客观的五境的接触所起的作用。若依主观的说，即感觉；依客观的说，即刺激。有情生物常受外界的刺激而有感觉，这个感觉必为诱起苦乐感情的因。而此感觉，必有感觉的机关，这个机关即是——

六入　依此而起眼耳鼻舌身意的六根受外界的刺激侵入，又为根本生长感觉知觉的认识的作用处所。所以名为"六入"，或"六处"。若没有感觉机关，也就不起感觉的作用，故"六入"实为触的因。这些感觉机关生命组织体是什么？就是——

名色　所谓"名色"，名指心，心是无形体的色彩，因为没有形体，所以不能看见形体或色彩，故不得已，只以"名"字表明之，故说心为名。色，即通常说的肉体，故所说名色，即是心身。灵肉的义，即指身体。感觉机关缘身体而有六根，设无身体的处所，也即没有六根，故六入实以名色为因。这个名色，即身体的本质，但名色又因何而有？即因——

识　所谓"识"者，非是意识作用，而生命的本质有色也有心。即指最初托母胎的生命体。要依五蕴的分类说，即为识蕴。名色、六入等与人生的死亡同时断灭，唯独这个识贯通过去现在未来的三世不断的相续。其生时处位为名色、六入等为自己所创造的。因此于十二因缘的轮回说，而成为轮回主体观，然此识贯通三世，相续活动依谁为其原动力？佛陀说此原动力归于——

无明与行 无明即根本的烦恼，即盲目的情意力，为识的发动力。行，为过去的意志行为的经验，故有造作的功用。其有善恶强弱等性质，并有遗传性的作用。

以上十二因缘中无明与行二支，为轮回的原动力，识、名色、六入、触、受五支为人体组织的分类。依照五蕴说，就是把自我分类为五重，这是轮回的主体，就中以识为自我生命的本质为主体中的主体。而无明、行乃至生、老死的次第顺序，正是轮回的过程。轮回的原动力，即是人间生成缘起的根源，其他宗教说为神或运命，或天命，都是错误的。佛教以无明、行（业），为原动力为生命的本质，就是识在其中也是内在附随力。但识自身为不借他力，以识本具的自动力，自己能活动，犹如汽车相似，自身具有发动机，可以自由驾驶。人间的主体的识，即是轮回的本质，其有独立的意义。对于轮回再生的问题，可能依自由意志、责任、努力、开拓、创造等。依此可说明三世因果的形式，即由过去烦恼业为因，招感现在苦果，复由现在烦恼业作因，再成未来苦果。如此，苦乐因果相续，即显示轮回的过程。

第二项，《心经》十二因缘观前说的十二因缘为佛陀成道以前观想法，在观念上分从顺观与逆观的两方面。在意义上，多从生成的观察与灭尽的观察的两方面。逆观者，以老死的事实为出发点，逆观十二支的结果，归纳的生有乃至行，无明的原因，这个名为探求归纳的观察。顺观者，即顺十二支从无明、行的原因为出发，次第演绎出识、名色，乃至生、老死的事实，这个名为推及演绎的观察。所谓生成的观察，就是积极的说明十二支的因果生成的状态，说无明缘行乃至因生而老死等，即所谓流转的观察。所谓灭尽的观察，就是消极的说明十二支因尽果灭的状态，如无明的因灭则行的果灭，乃至生的因灭，则老死的果灭，即所谓还灭的观察。这里先说明十二支，依逆观与顺观，是佛陀第一所用的观察法。佛陀依四方面作实际观，合逆观与流转观，以"生为老死本……依无明而生行"观。次为合顺观与还灭观，即"无明灭则行灭……生灭则老死忧苦恼灭"观。这个四方面的观察，该为十二因缘观的规准。佛陀说十二因缘的目的，不仅为探知人生现实生老病死的忧悲苦恼根源，乃在要断尽生死的根源，而悟入涅槃妙境。后来的佛教学者，不了解佛陀说法的意义，把十二因缘当为生成缘起的哲学，特别是阿毗达磨哲学化的《俱舍论》，把十二因缘当为生理发达的过程，《唯识论》当为发生认识的过程，都基于生成缘起说法。于是十二因缘成为哲学化的缘起论，故不能彻见缘起的真理，倘欲彻观佛陀的真意，当以般若经，特别是《心经》的十二因缘观。故《般若心经》基于顺观与流转用，流转与还灭的二观说：

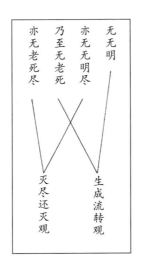

这是佛陀所谓生成流转的观察与灭尽还灭的观察，是相互交合组织的。

无无明，乃至无老死，无无明尽，乃至亦无老死尽。

这里所谓"乃至"是十二支中间省略十支，是超越的语义，所以《心经》数语，即能明了十二因缘的生成观与灭尽观的两观。而且基于般若的空观主义，以否定的"无"字，而否定了上面两种观，为十二因缘的真髓最高调的一段。因有"无无明尽"等，若从文法上说这是二重的否定，毕竟无明无限的存在，要把这个当为肯定的思想，那是误解的想法。

然《心经》既然挥着这种的空剑，为什么说十二因缘的两面观，并且否定了十二因缘的传统的教义，其用意在哪儿呢？这有两个意义：一、从对外的破邪的态度，而消极打破十二因缘的概念的教义。换言之，事实的十二因缘，是缘起的真理，未可接触者。十二因缘，无论是顺观，或是逆观，或生成观，或灭尽观，这单依教理的构成形式的概念，非是事实的人生观，亦非实践的规范。由于未能体验到最高缘起的真理。所以《心经》的破邪的态度，正因此而积极。二、从对内的显正的态度，而以积极的发挥般若的理智。也就是要建设形而上的宇宙的真理，天地大法则，高唱般若的主义，从十二因缘的相对的因果观而达到般若绝对的平等真理观，从个人的人生观，而进步到绝对的宇宙观。般若的论理，虽常以消极的否定的表现法，但其里面所显现的却是积极的般若的真理。十二因缘因基于相对的因果的形式，所以因限于相对的形式，不能直观绝对平等的真理。而且十二因缘仅从个人的原理，说明人生的观察，未能达到绝对的宇宙观。或曰十二因缘不过是形而下的现象界的说明，非是形而上的本体界的观察。然现象界的根源，是宇宙的本体天地的真理，人生是宇宙的一部分，因果的差别，就是真理的表现，所以要穷本知末不可不观察全体真理。十二因缘观，是现象的因果观，部分的人生观，所以《心经》要否定它，要破坏它；就是要肯定建设全体的宇宙观，实现本体的绝对平等观。

《心经》的表现法，是消极的、否定的、破坏的，但在其言语里头是积极的、肯定的、努力的建设。因此，把声闻的四谛观，缘觉的十二因缘观，都导入般若绝体的理智观。但般若经属于实相论的教系，非是缘起的教系，所以般若，独自本体的非生成缘起说，不过以十二因缘的现实的缘起观引上本体观。

三、无智亦无得

救世的菩萨，以实行六度行为第一，六度是六波罗蜜的译语，波罗蜜译为到彼岸，又译为度。彼岸的理想，即是涅槃境，亦即解脱成佛的道，分为六条，专为菩萨自利利他，为自度度他解脱的道。

六度为自利利他的道德，因位的菩萨，以利他救济的六度功德，回向自利解脱；大乘菩萨的道德的中心，就是利他的观念，利他是从无我生起的作用。今若但行六度救济他人，既专为救济他人而行六度，所以其动机的目的必定无我、无执着。在行布施时，要施者、受者、施物的三轮体空，不夸张布施的功德。在戒行时，心不愉慢，乃至修行智慧不因于知见，所行道德也没有所行的迹象。以无为而行，任运而行，这才有道德的价值。加之，道德实行的结果，并不是专为自己的快乐，或是名誉，或是利益幸福等为目的，这是无条件的道德，无所得的道德。佛的大慈悲，就是无条件的；父母的慈悲，也是无条件的；菩萨利他救济的六度，也是无条件的，是无所得，于是《心经》揭出：

无智亦无得。

般若以智慧为至上，所以六度的第六智慧为六度全体代表，智波罗蜜为最高的目的。因为般若为空无自性，前说五蕴、十二处、十八界、十二缘起、四谛所观境一一都照见皆空，要是以能观般若智为不空执为实有，也就成为遍计执。《中论》说："大圣说空法，为离诸有见，若复见有空，诸佛所不化。"原来用空破除有病，有病既除，空亦自止，故曰"无智"。简略地说，把布施等前五波罗蜜一一否定了，便为无我无执着的六度道德，特别是无我无执着的般若智波罗蜜，故说"亦无得"。因为有能观智，才有所得，能观智既没有，还有什么所得？《辨中边》说："依识有所得，境无所得生，依境无所得，识无所得生。"这即是无分别智实证真如位，心境冥合平等，能取所取一切皆无，故曰"亦无得"。菩萨即以此无条件无所得为道德的中心。般若的皆空主义，彻底挥着空剑，否定了自我道德实行的动机的目的，以及否认了道德实行的意识，导入彻底无我的境界，以期使契合般若的理智及宇宙的真理法则。

以自我为中心，以取舍憎爱等心对境思维，名为相对智，或曰分别智。但真理离开自我，超越了相对唯一绝对的实在境，非是分别智所可知的，必要以无分别绝对智，这是无我观的结果所起的智，也就是般若的智。有了这种智，才能实证般若的实相无分别智现前时，所缘的唯一绝对的理法，就是圆满成就真实法，也就是唯识宗所说的圆成实性，不是遍计，不走极端，调和相对差别的诸法，故说为中道。也就是三论宗的八不中道观，天台宗的一心三谛观，真言阿字观现前所成的真理。天地间森罗万象事事物物是一切相关相融组织的大法界，这是真理如实相，华严宗称此为事事无碍法界，也就是一心法界观现前所成境。这种真理，在佛教观之，即涅槃的境地，是佛身的法相，故观真理应观佛身。禅定观行，所观的毕竟真理，即归入佛与真理的冥合境界，能观的智与所证境，都是毕竟空寂。既没有能观的智，也没有所观的境，能所双亡，性境一如。故《般若心经》说为"无智亦无得"。简捷地说，即是菩萨体验到真实理论，一切是"不生不灭，不垢不净，不增不减"为绝对真实的体验，也就是以无所得境为最高的体验。

般若心经的解脱道

一、修养法

观空的目的，不仅是明白空，或明白不空，是要借此解脱有情的众苦，获得般若的果，达到佛的境界。在修行过程中的行者，称为菩萨。佛与菩萨不过是结果与原因的地位不同，同为一人的时间前后。菩萨即佛的前身，菩萨对佛称为因位，佛对菩萨说为果位。凡是经典的最后，都有信受奉行，依教修行得佛果的说明。

在《般若心经》中：

以无所得故，菩提萨埵，依般若波罗蜜多故……究竟涅槃，三世诸佛依般若波罗蜜多故，得阿耨多罗三藐三菩提。

这正是说明修行因果的二位，此中，前半"以无所得故……究竟涅槃"，专说明因位的菩萨道，后半"三世诸佛……"以下说明果位的佛为主体。前者为三乘的共果，后者为佛果。依据这一段经文，说明菩萨修行成佛的因果的过程，该当为佛教的修养论。

今依前揭的《心经》的前半文，专为提倡因位的菩萨道。但是提倡菩萨道必须说明的，就是在所举《心经》的文中，菩萨的行及行的效果等问题为主体，所以吾人对菩萨思想的起源及其发达，菩萨种类等实有补充说明的必要。

所谓菩萨，具称为菩提萨埵（Bodhisattva），这个略称为菩萨，译为觉有情、道士等，行佛道，以佛道觉人的意思，可说为佛的前身及佛道的行者。若把这个说为菩萨思想，那是最确当的。

大圣佛陀，是世界最伟大的觉者，所以无论是释尊的时代，或释尊灭后，佛教徒以种种观察佛陀释尊，故有种种佛陀观起，特别是佛陀灭后，由于追仰佛陀的虔诚所供奉佛陀的尊像，然未使人目睹真佛现身，所以现实的历史上的人间佛陀渐渐成为理想的观念，于是现实的佛陀观进于理想的佛陀观。今菩萨的思想也是依这个理想佛陀观而起之一。

释尊成道后，说为成佛，称为佛陀，即是完成超人的人格，万人的师表，万人敬仰的对象。若以人格说，是最上的；要以伟大说，其因位所修种种行门也是最伟大的，任何人所不易行的。要依释尊历史说，释尊为悉达太子时，即有六年苦行。若以佛陀完成最高人格来说，绝不是现世的六年或十二年的修行所成的，这是无量劫来累世以种种难行苦行的结果。今说释尊六年修行，这是过去世的延长，吾人应观想过去世为释尊前身本生，今身为过去世的延长，未来世为现在世延长，故一佛身竖现成为三世观。这在佛陀本生事迹的经典中若

《六度集经》《本生心地观经》等，都有佛陀事迹的记载。就中又分小乘本生部与大乘本生部，也就是由小乘本生思想到大乘本生思想的发达经过，都有详细的说明。

小乘《本生经》为原始菩萨的思想，就中释迦佛的前身本生；即由释迦菩萨从过去宿世累代至现世，经过长远生死死生，或为国王或为太子生，或为猿或为龟，或为鹿，或为鹦鹉，或为象，或为鱼等种种生物有情身，变化转身，行六波罗蜜，即实行六度利他的道德，以救济一切众生，其难行苦行的善根功德的结果，遂于今世得成佛的无上果。故成佛以前的释尊，即修业中的释尊过去世的延长，因位修行中的释尊称为菩萨。所谓菩萨修行者，即在利他六度道德的实践。佛的前生，受变化身，救济一切众生，综合这种种事实，就是菩萨的思想。就中菩萨道即是六度道德实践，这是大小乘都所共认的，如天台宗，无论大乘各派，把四谛、十二因缘、六度法门，依次配合为声闻、缘觉、菩萨的三乘。六度专定为菩萨行，这是无疑远承本生思想而来。《般若心经》菩提萨埵依般若波罗蜜多（六度的代表）故，这是本生思想的继承者，也就是示以菩萨与六度密切的关系。但般若经，说为般若智慧至上主义，六度中专指般若，即以智慧波罗蜜为最高，智慧为六度中最高的道德，般若智慧，可为六度结晶为六度代表者，所以特别指六度之一般若智慧波罗蜜为菩萨行，这也是般若经的特征！

菩萨以实践六度的道德，为得成佛的主体。本来成佛要有种种的功德，智慧至上主义的《心经》，专以奉行代表六度的道德般若（智慧）波罗蜜所得的效果，即"心无挂碍，无有恐怖，远离一切颠倒梦想，究竟涅槃"的四种功德，今要说明四种的功德以代表六度的功德的道理。

所谓"心无挂碍"者，挂碍，就是物与物或甲乙相碍，或相障碍或冲突之谓。在心理上有二种相反的思想并起，即有矛盾撞着的冲突，这就是有挂碍的心。要是吾人心中常常为烦闷、懊恼所盘踞，这颗心也就没有一点自由，更不能安心。要是心有挂碍，即失去自由安静的状态。在人间有自我爱，因有自我爱，顺应自我的，即爱着，违背自我的，即憎恨。从这个爱憎的二见，凡事于反对的观察，必引起自心中矛盾的思想，互相冲突、撞着，迷妄的情绪缠绵竟起没有停止的余地。然菩萨依般若平等的理智，体验到无我，体验到无所得，住于心境平等的真理，故心中既没有何等矛盾、冲突撞着，以及障碍所起的迷妄，心常自由自在，因此说为"心无挂碍"。

要是心有矛盾、冲突、障碍、挂碍、迷妄、烦闷，于是其行为也就不能纯正，不能完善。心与行为不纯正的结果，自然感到有恐怖，更感到因有恐怖的念头而会招感苦的结果，这样的心就无安定的时候了。然菩萨因"心无挂碍，故无恐怖"的状态。菩萨实证诸法空相，一切以不生不灭不增不减不垢不净平等真境，故没有挂碍及恐怖的心境。人若依顺般若智断除心中烦恼我执我慢，而实践大道、佛道、人道，这样俯仰于天地间也就没有何等的惭愧了，对于社会也就没有丝毫恐怖的地方。并且依照般若理智坚强的信念，住此信念者，在《大品》中说：火不能烧，水不能害，权力不能屈，威武也不能动，不失为真实金刚不坏的大丈夫。或遇顺境而不能淫，或遇逆境而不屈，唯一的无恐怖，心安体得自由的境界，般若实是切断一切恐怖的利剑。

人为什么会有恐怖呢？这就是人的心理上有种种邪见妄想，幻觉错觉，所以才有危险恐怖的思想，这个叫作"一切颠倒梦想"。所谓颠倒者，就是错误的幻想、梦想，就是没有实在的想象。凡夫对于无常、苦、无我（不自由）、不净等，各各都妄认为常住、乐、我（自由）、清净的，这即是颠倒的思想。因有这种迷妄于现实的思想，所以尽量迷于现实，把现实的世界，当为美满的、有价值的，因为迷妄执着于现实，故没有进步的理想。世间一般浅薄的乐天观的人，以现实为满足的，这是凡夫的四颠倒。声闻人把常、乐、我、净四法妄认为无常、苦、无我、不净，这是不明白达观的理想。不能见到理想的价值成为极端的厌世观，这个名为小乘声闻的四颠倒。然大乘菩萨常依平等的理智，所以能了知现实与理想的价值，导现实于理想，化理想为现实，即是住于现实即理想的平等观。不厌现实生死的世界，也不执着理想的涅槃，这就是不厌生死不欣涅槃。对于平等法界，常或无常，乃至净、不净，都没有偏颇的思想与固执的见解，即是体得了非常非无常，亦常亦无常，乃至非净非不净，亦净亦不净中道的实相。这样即离开了凡夫及声闻乘四种颠倒。所以般若中道智现前的时候，既没有幻觉，也就没有错觉，这即是"远离一切颠倒梦想"。

前面说的三种功德，即是涅槃的内容，而涅槃即佛的真境界，菩萨行六度，依行般若波罗蜜的最高的理智遂完成佛果。菩萨虽非我们人，但人人都是菩萨，因为人本来都有佛性，也就是都具有般若的理智，所以发挥这个理智的光，即达到究竟理想的涅槃。其道无他，唯有实践佛教的道德，换句话说，也就是唯有修行布施、持戒、忍辱、禅定、精进，智慧波罗蜜的无所得行，这般若理智自然会显现。

二、理想境

菩萨依般若修行所得的结果，即说为佛。佛即是修行六度万行所证得理想的人格者。

《心经》说：

菩提萨埵依般若波罗蜜多……究竟涅槃。三世诸佛，依般若波罗蜜多故，得阿耨多罗三藐三菩提。

这一段文，前明菩萨的得果为涅槃，后明佛果为阿耨多罗三藐三菩提。今对菩萨，三世诸佛当分别说明。

第一，涅槃妙境：佛教理想的境界，即是涅槃，而涅槃为佛陀所具足的金玉德性。《心经》说：

菩提萨埵（菩萨），依般若波罗蜜多故……究竟涅槃。

这即是说：因位的菩萨，以究竟涅槃为成就的理想。涅槃，原是印度固有的思想，无论是婆罗门的宗教，或奥义书的哲学，或是佛教，都是以涅槃为宗教或哲学理想境。然其内容也受时代的变迁的关系，并不一致。即如对外道挥以破邪慧剑的龙树弟子提婆，他著《外道小乘涅槃论》，并未说大乘涅槃。但举外道小乘的涅槃有二十种，故一提到涅槃，就有各方观察不同，故其内容并不一致，然通常分为外道涅槃、小乘涅槃及大乘涅槃的三种。

原来涅槃，是圣者所体验悟入的形而上的绝对不可思议的理想的妙境，故不可以凡夫的经验形而下的相待言语来表示。不过勉强用消极言词来表示否定现实的经验。在诸多翻译涅槃语句中，又分有翻译家及无翻译家的分别。有翻译家不过仅译为不生、不出、无作、无起、无相、不然、不识等消极的否定的文字，这是毕竟涅槃的意义，因为本来就是消极否定的。新音译为"涅槃"，旧音译为"泥曰"，或"泥洹"等。涅槃梵语的原音 Nirvana 而 Nir 译为无、外、消等的意，Vana 为吹动、动作、生活的意。故译为无动、无作、不生等。即是现实的生活活动的停止成为消极状态，故又译为灭。即指超越现实经验所显现理想的妙境，所以为表现这个用现实否定的文字，或是以多种文字也不能表现这个不可思不可议的妙境，综合种种概念构成一涅槃的观念。因此，涅槃有多种的别名，南本《大涅槃经》卷三十一，涅槃名有：无生、无出、无作、无为、归依、解脱、光明、灯明、彼岸、无异、无退、安处、寂静、无相、无二、一行、清凉、无暗、无碍、无净、无浊、广大、甘露、吉祥等多名。这种种名称都表示涅槃内容的德性，但涅槃最完整的具体德性，就是常、乐、我、净的四德；常者常住，表示真实常住不变义，乐者安乐的法，我者自在义，净者清净义。总而言之，涅槃即是真善美乐合一的妙悟觉性，也就是毕竟佛陀的德性。

涅槃的思想最进步的，就是《大涅槃经》所举的种种名称，是包括多种思想的德性。就中外道婆罗门教的涅槃观，以厌世思想为基础所起的涅槃，这是不完善的、罪恶的，是以厌离苦的世界，希望把罪恶多苦的肉体灭亡，自我灵魂解放，想生于天上，达到神我合一的境界，这是外道涅槃观。然佛教教主释迦牟尼佛以革新的精神，不特排斥外道涅槃观，即对小乘人"灰身泯智"住于空寂涅槃，亦同遭非议。真正涅槃的妙境绝不是离开现实的世界，另有个不生不灭的理想，即现实世界而成为理想的世界，所以涅槃的境界绝不是自了超越境，也不是否定现身，即现身得实现涅槃妙境。以身心不二，立脚于现实即是理想的思想。若断除自心所具的种种烦恼，即成为清净心自体解脱，不需灰灭肉体，即此现身获证理想境，也就是自身体验到涅槃的境界。释尊亲于菩提树下成道，即是现身体验到涅槃真境，所以涅槃并不是死后所得到的空寂的世界。

法相宗所说自性清净涅槃、有余涅槃、无余涅槃、无住涅槃四种涅槃。就中有余无余二涅槃，这是为小乘人所学的涅槃，余二涅槃为大乘涅槃。自性清净涅槃，即真如涅槃，真如自性、本来清净，离开客尘烦恼，正是涅槃义。无住所涅槃，这是菩萨所起的行愿，向上自利解脱，向下利他救济所证的真理。菩萨大智愿行，因为离烦恼不住着生死苦界，趋向佛境界，又因有大悲愿行不住着佛境界，不怖于生死苦界，救济众生。换句话说：就是不住生死，不住涅槃，于生死涅槃间往来成就愿行，故说为无住所涅槃，也就是《金刚经》说：以无所住而生其心。前说四涅槃中，凡夫仅有初一，二乘成就三种，菩萨成就第一与第四，佛具足四种涅槃。因修道者根机有浅深，故成就涅槃也有多种。但以理智成就究竟涅槃为最高，即如《心经》说：菩萨依般若波罗蜜多故，成就究竟涅槃的理想，实是修道者开发般若理智所得佛境，依理智最高认识，开创涅槃的境界，建设庄严净土。这是菩萨的理想，也是吾人的理想。

第二，诸佛的思想：所谓佛者，梵语具称佛陀（Buddha）略称佛，译为觉者，即开发正智觉悟正法真理的意义。《心经》所说，即指开般若智慧者而言，这是印度出现的释尊自称及敬称，最初为释尊的特称。但佛陀观次第发达后，即依一释尊观，成为佛陀的通称，始有弥陀、大日、药师等如来，乃至成为十方三世诸佛的通称。

诸佛的思想，乃从释迦一佛而起，就中分时间的诸佛思想，即过去现在未来三世佛，及空间的诸佛思想，即十方诸佛。前者为如来道，即是真理三世恒存，世界依三世相续，觉悟真理的佛，也是出现于三世。释迦佛即为现在佛，过去有七佛，未来亦有弥勒菩萨等佛。后者十方佛的思想，由于如来道无限性普遍性成为世界无量无限性的观念，所以才有十方世界多佛出现的思想。而三世佛的思想，早于原始佛教《长阿含经》中发现过去七佛出现时期、人寿数量、族姓、成道、说法会数及在会弟子数目，所说八相成道殆与释迦佛差不多，这是继承小乘教的佛陀观。十方佛的思想，为大乘发达的思想。所谓十方三世佛，实综合前后大小乘的思想，十方佛的思想，各世界，同时间允许多佛并存的思想，三世各有千佛出世，故有《三千佛名经》的成立，认有无数诸佛。故三世诸佛的思想，在时间为前后相续的，虽有多佛存在，但不许多佛或二佛同时并存。这是原始小乘佛教思想，认为三世佛，一佛一世界，根据天无二日，地无二主，不许二佛同时并存。但是大乘三世十方佛思想发达后，一面佛性普遍化，故十方诸佛同时并存的理论，在《大智度论》第四，世界无限，受佛济度的众生也是无限，病人无限，则能救度的佛也就无限存在，所以才有一切众生皆可成佛的思想，即是人人皆当作佛。

　　释迦佛初在阿含会上不许声闻、缘觉，有成佛的可能，说他们无佛性，后来大乘佛教世界观发达，佛性观兴起，说人人本具佛性，故有一切众生皆成佛的思想，而成佛在未来的，故力说三世佛中未来佛的出现。文殊、普贤、观音、势至、弥勒等诸大菩萨，不消说都是未来成佛。小乘人本来不可能成佛的，但是《法华经》上，不但声闻弟子，大迦叶、须菩提、迦旃延、目连、憍陈如、罗睺罗五百弟子及千二百五十人都受成佛的记。即素来反对佛陀犯了三逆罪的提婆达多，以及七岁的龙女都受记作佛，还有什么人不能成佛呢？

这是大小乘佛的思想不同点。

前面所说四谛，苦集二谛为世间凡夫的境界，灭道二谛为出世间圣者的境界，就中灭谛，以涅槃为本质，道谛以菩提为本质，菩萨修行菩提道达到灭谛涅槃的境界，这是佛教一般的解释，示图于次：

所谓佛陀，在因位为菩萨时行菩提道，其结果为佛，达到涅槃的境界，称为圣者。所谓菩萨，即指今行菩提道，依这个原因后登佛果的行者。然依《心经》

文，先有"菩提萨埵……究竟涅槃"，次有"三世诸佛……得阿耨多罗三藐三菩提"，菩萨与涅槃相配，佛当为菩提。这就是说菩萨的果为涅槃，佛的果为菩提。同时说果位的佛，即记因位的菩提道，这即是善说因果二位相关的道理，此所以《心经》文学简要的特征。菩萨修学般若，应当得佛果菩提，为什么说究竟涅槃呢？因涅槃是三乘人共果，菩提唯佛能证。菩萨了知诸法空性，愿救度一切众生，不入涅槃，是以进趣佛果阿耨多罗三藐三菩提为目的。

所谓菩提，梵语为阿耨多罗三藐三菩提，译为"无上正等觉"，或"无上正等道"。换句话说：就是最上最尊平等的正觉，及其内容的真理，这即是佛陀究竟圆满无上正道。普通把梵语具名略掉，说为菩提，或梵汉兼用，称为菩提道。这个菩提道一般人都以三十七菩提分法或八正道，或三学六度等佛教道德的功德为其内容。但般若经，对这些诸种功德中，特以般若智慧为最上菩提道，为一贯般若主义，所以《心经》也不能例外，故说："菩提萨埵依般若波罗蜜多故……三世诸佛依般若波罗蜜多故……"即以般若智慧为解脱成佛的必需功德。般若与佛菩提的分别，也含有究竟不究竟及因果的关系。诸佛因位修行时，不仅修般若，并修"施、戒、忍、进、禅"等自利利他一切功德。故证果时也才有无边的功德。

结论

一、般若礼赞

前面数章所说的，在《心经》三分组织中，即序论（序分）与本论（正宗分），都已说了。最后《心经》的流通分，即是结论，也就是本文的结论，今当说明。

《心经》最后说：

> 故知般若波罗蜜多，是大神咒，是大明咒，是无上咒，是无等等咒，能除一切苦，真实不虚。

这是《心经》的流通分，特别这部分为《心经》礼赞文，因此经有无量功德，故有如是赞仰赏叹，复说：

> 故说般若波罗蜜多咒，即说咒曰：揭谛，揭谛，波罗揭谛，波罗僧揭谛，菩提萨婆诃。

这段是般若的护持文，修学佛法者以《心经》的经文为其本质，护持信仰般若智慧波罗蜜，这是示以行般若的正信相续方法的部分。

《心经》主要的部分，"即舍利子，色不异空，空不异色，乃至……无智亦无得"。

这段文，在《大般若》四百二十一卷（第二会第二分《观照品》第三之二）其异译为《大品般若·习应分》第三，即采其一部分而成立本经，此在开始即说过。《心经》最后所说的"是大神咒……能除一切苦"，其出于《大品般若·劝持品》第三十四，但《劝持品》即为《大般若·功德品》第四百二十九卷（第二分《功德品》第三十二），检证这两段文，益信《心经》是大神咒等一段文出于此。加之《心经》的"三世诸佛依般若波罗蜜多故，得阿耨多罗三藐三菩提"的一段，又可知与此文同一出处。此《劝持品》或《功德品》的文句，虽不能十分断定为《心经》前记文原型的根据，但原来《心经》前记部分，如前辩为流通分，而《劝持品》亦有护持般若，劝说流通为宗旨，由此看来，《心经》的主要部分，采取《大品般若》的《习应品》。其后部流通分，依《大品般若·劝持品》，取其文句以完成《心经》大体的构格。故舍《大品》而外，也许不可能单独成立《心经》组织的历史。关于《心经》的内容组织，在开始逐步说过，今当《心经》流通分结论，就此部分成立的研究，再追一言，以示前后相照义。

凡是经典最后，都有流通分作为结束辞。这个结束语，都依经典记载的文字，一般通例，就如："时善财童子，顶礼其足，绕无量匝殷勤瞻仰，辞退而去。（《华严经》）诸比丘闻佛所说欢喜奉行。（《杂阿含》）人非人等一切大众闻佛所说，皆大欢喜，信受奉行。（《大般若》）佛说是经时……一切大众皆欢喜，受持佛语，作礼而去。（《法华经》）……"这样形式或赞其经文功德广大，或记听闻者的欢喜法悦，或书写经文受持读诵，流通宣布，获大功德，或记受持的方法及目的等。

今《心经》流通结束语说：

故知般若波罗蜜多是大神咒……能除一切苦，真实不虚。

这是专为赏叹《心经》为本质的般若广大无边的功德。

这里所说的咒，属于真言陀罗尼类，所谓真言与陀罗尼，要从形式上说，亦有长短的不同，但这些都为诸佛身口意三密之一的密语，即所信的神秘的偈文，纯为真言密教传承所用的，含义深长，神圣秘密不可思议，故未予翻译，仍为梵语原音辗转传来。通例比较长句，称为陀罗尼偈文，短句说为真言。陀罗尼 Dhanani 梵语译为总持、能持、能遮等。总持或能持，以偈文中具足无量义理，故能总该保持广大功德善法不失之谓。能遮者，即陀罗尼的偈文具有神变不可思议的力，能遮断一切灾难，灭除一切障碍，有这种种功德，若持诵它，即可获得广大的利益。真言的原语曼怛罗 Mantra 译为神咒、秘密语、密咒等，即显示诸佛世尊的本誓，即表现神佛内心的言语，称为真语、如语、如实语，不妄不异的言音，称为梵语。含有种种不可思议的功德，能现神变降龙，传鬼的法力，能除水火灾难、病魔等的苦难，具有如此功德利益。

真言陀罗尼，原来为印度婆罗门教及民间所信仰的，后来佛教密教化后，采其形式，故有真言陀罗尼，称为佛说真言陀罗尼，即依于信仰实际的方法构成，原始佛教的经典，很少有这种偈或颂。后来大乘佛教圣典及密教经典渐渐增加，所以释尊初时未用真言陀罗尼，这无疑为后来佛教徒的产物。特别般若经发达后，遂有"秘密般若部"成立。但《大品》等的般若经既有密教的色彩的显现，故《劝持品》所说，"般若波罗蜜多是大神咒，是大明咒"等。今《心经》乃采用此文，以般若波罗蜜的理智为真言神咒，即是赏观赞叹。然不限于般若经，凡一切经文的本质，都是般若的理智，此理智纵贯三世，横遍十方唯一绝对的实在，这即是真如，即是实相，即是如来，即是佛。诸佛从此理智而生，故"般若为诸佛之母"。毕竟般若的理智，为宇宙的大生命，是一切万众的根源。这个宇宙的大生命的般若的理智，万象活动的根源，有神变不可思议的力，故说为神咒。凡情不能测知，故说为秘密语，是真实不妄的大法则，故称为真语、如语、如实语、不妄不异语。毕竟这个即是大曼怛罗，自然的声，神的启示。

大圣释尊即是般若理智的显现，体现般若的理智，并且亲口说出来，后来弟子结集所说的法，用贝叶黄纸记载，成为经典。经典即是般若理智的表现。若以般若理智观之，即有种种曼怛罗神咒。同时，其表现的般若经亦就是曼怛罗神咒。今《心经》的流通分，即基于这种意味，般若的理智，即是是大神咒，是大明咒等。且《心经》本身经文，即是是大神咒，是大明咒等，以显般若具有广大的力量及无比的光明，为一法门中最尊最胜最上！

大神咒的大，是广大普遍义，超越相对的大小的比较绝对的大。这个贯通三世十方普遍十方唯一绝对的实在，宇宙万物生灭于此中，万物各各内包此实在，这个并不在般若理智之外。故般若的理智，不但是广大普遍无所不包，且其内容非是空虚的，是有其不可思议的力，这即是神力，这与宇宙人生有重重无尽的关系，日月星辰春夏秋冬四时的变化，人间生命的活动，都是这个般若理智不可思议神力的作用。因为般若有此广大不可思议作用，故赞叹说："般若波罗蜜多是大神咒。"大明咒的明字，即是智慧照明的作用，般若的智慧，贯通天地古今，若从一面观之，即是宇宙的大法则，世界的大道，人生的规范。天地依此大法则，光明正大。人依此大道，即能照破无明烦恼的迷暗，照明真理，活步人道，故赏赞说，"故般若波罗蜜多，是大明咒"。般若的理智，既有如此广大内容，又有不可思议的神力作用，当然在一切咒力中应居为最尊最胜，更没有能超过此以上者，故叹为"无上咒"。自他任何神咒不能比较，也不可同等齐观，完全绝对无可比类的，所以更赞叹说："无等等咒。"《心经》最后的标明，"度一切苦厄"，这是揭示《心经》一篇伟大理想的目标，今又照合前文的宗旨，故结论以"能除一切苦，真实不虚"。这是贯通《心经》的首尾。般若的理智毕竟能除一切苦厄，有此大功德，真实不虚，决定无疑，这是力说引起般若至上的信心。自度度人，断除自他一切苦厄，这是般若最大的目的。同时，亦是人生最大的理想。人间的苦，都从迷暗而起，若依顺般若理智的光明，忽然照破迷暗，即可从一切苦厄中获得解脱。人乘此般若大船，即能渡过人生的苦海，依智慧的大灯明，照破理想的天地。以般若的利剑，挥除一切杂知恶见，创造净土，这样的发心，即是般若的正信，也是佛教的正信。

二、般若护持

发大正信虽非常困难，正信相续尤为困难。古人说："三业表佛印，端坐三昧。"这是正信相续的规范。三业表佛印，即身口意，都以平常的心行佛心佛行，心常怀佛心佛智。口恒说佛语如实语、爱语；身常现佛作佛行，彻头彻尾，自始至终，悉依佛住。行住坐卧、吉凶祸福，都以佛心贯之。这即是佛心相续，正信不动坐禅的状态。佛教诸宗虽都以坐禅为正信相续行，但天台的实相观，真言的阿字观，只是心的坐禅。净土教的念佛，法华宗的唱题，是口头坐禅，禅宗的威仪是身坐禅。更进一步，若从心到口，从口到身至诚一贯，即毕竟身心全体的坐禅三业，即表佛印。真言密教，于意观佛智，口唱真言，手结佛印，行坐都以佛身为标准，即身成佛的仪样，殆不外三业表佛印意；威仪，即佛法佛心相续的仪式。

今《心经》的：

揭谛，揭谛，波罗揭谛……

的真言神咒，这个不绝口业的唱念，日常间以般若至上的信念相续，使般若为永远的护持。照例真言是不翻的，保存梵语原音，今从简略翻译之：

揭　　　谛　到

揭　　　谛　到

波罗揭谛　更到

波罗僧揭谛　更更到

菩提萨婆诃　觉道

就中萨婆诃，是真言的结束辞句，含有圆满、成就、真实等等的意，也就是究竟圆满的意思。今若改其文体，即是"觉道，到，到，更到，更更到"。觉道者，即指菩提涅槃的无上佛境地。这是般若的大目的，佛道的彼岸，人生的理想境。依照般若的理智，持续般若的正信，必能实现这个伟大理想境，"到——到——更到——更更到！"接二连三的到，表示希望理想菩提精进的热忱，而且表现正信相续念念不断的气氛，不忘般若的真言，即般若正信的常相续。若正信相续，随时随地都有般若正智的活动；菩提觉道的实现，即是般若的正因与菩提的正果相应。

吾人有如此的正信，天地宇宙间，即是般若的大智慧，如来的大生命，其中森罗万象有情无情都是般若海中的波澜，如来生命活动的流露。吾人以般若为母，为如来子，以般若为心，以如来为身，享受如来的惠育，行住坐卧生于佛的家。要以这个道理为自觉证信，履践菩萨的大智慧，常以揭谛揭谛波罗揭谛的意气，觉道庄严，努力奉持于净佛国土的建设。

（节录天华出版事业股份有限公司出版·东初法师著《般若心经思想史》）

4 般若波罗蜜多心经讲要

星云

甲、解释经题

（一）般若——智慧

般若与智慧有什么不同？

般若——意义深远，人闻则生殷重之心。

智慧——含义肤浅，有邪正之分。

$$
\begin{cases}
慧
\begin{cases}
3\ 修所成慧——实相般若\\
2\ 思所成慧——观照般若\\
1\ 闻所成慧——文字般若
\end{cases}\\[2mm]
智
\begin{cases}
胜义智——观察真理之智——内照真如（真智）\\
世俗智——观察世俗之法——外别事相（俗智）
\end{cases}
\end{cases}
$$

般若为什么不译为智慧？

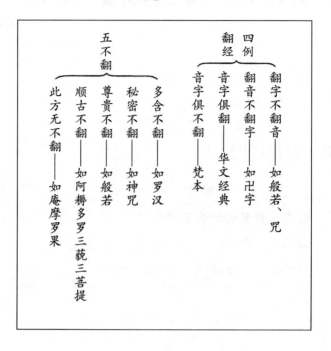

四例翻经
- 翻字不翻音——如般若、咒
- 翻音不翻字——如卍字
- 音字俱翻——华文经典
- 音字俱不翻——梵本

五不翻
- 多含不翻——如罗汉
- 秘密不翻——如神咒
- 尊贵不翻——如般若
- 顺古不翻——如阿耨多罗三藐三菩提
- 此方无不翻——如庵摩罗果

般若有几种不同？

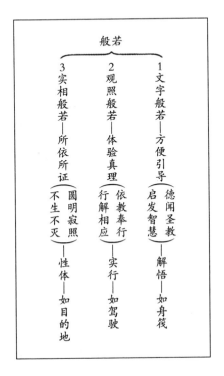

般若有什么用？

般若是最高的智慧，内容深细难了，由般若最高的
智慧，才能亲证宇宙人生的根本真理。

真理的条件：

1 本来如此

2 必然如此

3 普遍如此

宇宙人生的真理，佛陀说有三种：

三法印 {
1 诸行无常——从纵的时间方面来说，世间上没有不变的东西。

2 诸法无我——从横的空间方面来说，世间上没有独立存在的东西。

3 涅槃寂静——这是说明动乱变化，假合幻现物的最后都是平等无差别的。
}

（二）波罗蜜多

何谓波罗蜜多？

就是本经中"度一切苦厄""能除一切苦"的意义和方法。

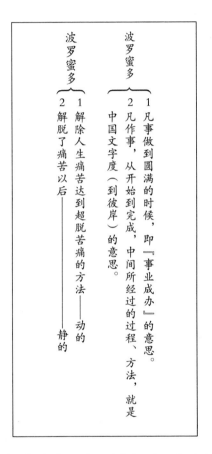

波罗：译为彼岸。蜜：译为到，合中国文法，应意译为到彼岸。即是说，有一种方法可以自从生死的此岸，到达涅槃的彼岸。多是语助词，相当中国文言中的

"矣"，白话文中的"了"。离生死的此岸到解脱涅槃彼岸的方法就是波罗蜜多。

波罗蜜多有几种？

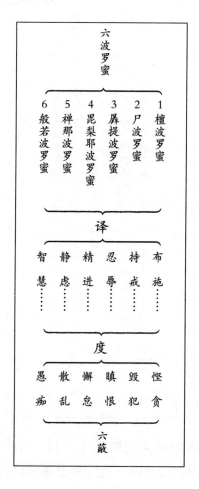

六波罗蜜

1 檀波罗蜜
2 尸波罗蜜
3 羼提波罗蜜
4 毘梨耶波罗蜜
5 禅那波罗蜜
6 般若波罗蜜

译

布施……
持戒……
忍辱……
精进……
静虑……
智慧……

度

悭贪
毁犯
瞋恨
懈怠
散乱
愚痴

六蔽

心的种类：

心——草木心、肉团心、缘虑心、真如心，此均非《心经》的心；《心经》的心字乃"心要""中心"的意思；可解说大乘心，即大乘佛法的心要。

佛法 的 心要
1 菩提心——长期修集福德、智慧对于佛果坚定信愿以求实现。
2 大悲心——对于人间一切痛苦的同情想施以救济，从利他完成自我净化。
3 般若心——有崇高的理想，伟大的同情，还要有了解真理的智慧才能完成圆满的人生。

经的意义：

经，梵语修多罗，此云契经，又云线，乃贯穿摄持的意思。上契诸佛之理，下契众生之机的道理曰经。

心经

1 整个佛法以大乘佛法为主要，为中心。

2 大乘法中，以般若波罗蜜法为主要，为中心。

3 般若波罗蜜经中，又以此《般若心经》为主要，为中心。

乙、略释人题

唐三藏法师玄奘译

唐——朝代名，唐高祖李渊，三世仕隋，后来隋恭帝，把天下让给他建都长安，国号曰唐。

法师——以法（三藏）为师，以法师人，或上弘大法，下为人师。

玄奘——唐河南洛阳人，十三岁随兄出家于洛阳净土寺，贞观三年八月只身西去长安，偷出国境，取道哈密，越天山过雪岭，而入北印，途经八百里流沙，滴水不入口者四日夜，几濒于死，卒遂其志，历经印度三十余国，贞观十九年回国，太宗以师礼待之。译经论七十五部，一千三百五十五卷，于中以六百卷的《大般若经》为杰作，并著有《会宗论》《破恶见论》《真唯识量》《八识规矩颂》传世，是唯识宗的初祖。高宗麟德元年二月五日，师圆寂于长安西明寺，寿六十五，葬于白鹿原，士女送葬者百万人。圆寂时，帝曾大哭，三日不上朝，说："我失去了一件国宝！"其当时见重于国家以及道德之感人不想可知。

译——易也。从甲国之文字易为乙国之文字曰译。

丙、正译经文

（一）人法总通分（序分）

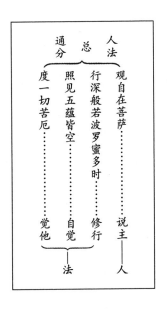

观自在菩萨………………说主——人

行深般若波罗蜜多时……修行

照见五蕴皆空……………自觉

度一切苦厄………………觉他

人法　总　通分　　　　　　　法

观自在菩萨

观

1 空观——用般若智先观察一切外境，再观察自身四大假合皆是缘起假相，当体即空，本非实法。

2 假观——用般若智观察一切外境，虽体达空义而不废缘起诸法，能够应物随缘，于一切境不生执着。

3 中观——用般若智观察一切法皆是中道，彻证性相不二，色空不异之理，不取不废，圆融无碍。

自在

1 观境自在——用般若智照了真如之境，于一切法圆通无碍。

2 观照自在——观照五蕴皆空，没有一切间隔障碍，明明了了亲证实相。

3 作用自在——菩萨行深般若，亲证法身本有，从体起用，神化自在。

观自在——就是观世音，因为观世音菩萨是从般若观慧已得自在的菩萨，他能自由自在地观察人间的心意，解救我们身体上的痛苦，拔除我们身体上的烦闷，故名观自在菩萨。

菩萨——印度话应称为"菩提萨埵"，简称"菩萨"，华言"觉有情"的意思，即上求佛道，下化有情的人。

行深般若波罗蜜多时

行——功行、修行、成就。

深——深对浅言，即不是凡夫能了解的般若空慧，故曰深。

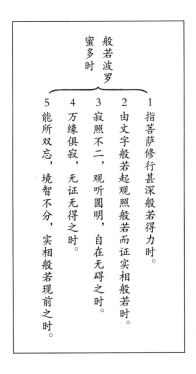

般若波罗蜜多时

1 指菩萨修行甚深般若得力时。

2 由文字般若起观照般若而证实相般若时。

3 寂照不二，观听圆明，自在无碍之时。

4 万缘俱寂，无证无得之时。

5 能所双忘，境智不分，实相般若现前之时。

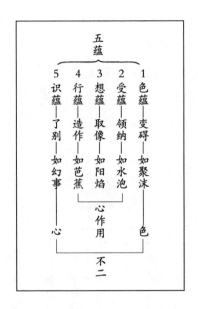

五蕴				
1 色蕴—变碍—如聚沫—色	2 受蕴—领纳—如水泡	3 想蕴—取像—如阳焰	4 行蕴—造作—如芭蕉	5 识蕴—了别—如幻事—心
	心作用			
	不二			

空——不是空空洞洞的空，不是空了没有的空。

什么是空?

1 世间上没有不变性的东西。

2 世间上没有独存性的东西。

3 世间上没有实有性的东西。

大乘法中一个"空"字，把三法印就统一起来，空是真理中的真理，是最高的真空，不离开因果事物而有空，空不是破坏因缘生法的。空就是因缘的意思，空，充满了革命性、积极性。

何以能见到空？

（一）从相续假看空——无常故空。

（二）从循环假看空——因果故空。

（三）从和合假看空——缘起故空。

（四）从相对假看空——相待故空。

（五）从相状假看空——无标准故空。

（六）从名词假看空——但有假名故空。

（七）从认识不同看空——心境无定准故空。

（八）缘起性空。

照见五蕴皆空——因五蕴非我，我者：1 自主义，2 自在义。而色心和合之五蕴我，不能自主、自在，能照见五蕴皆空，即能断除我法二执。

度一切苦厄

二苦
1 身苦——这是因心理上变化所引生的不适意受，如饿了、冷了、疲劳辛苦等。
2 心苦——这是精神上所感到的苦受，如憎怒、哀惧等。

三苦
1 苦苦——此身已是苦聚，再遇到苦的环境逼迫，则苦上加苦。
2 坏苦——由于荣华富贵有离开我的时候，或是失败的时候。
3 行苦——由于身心世界，迁流无常所生之苦。

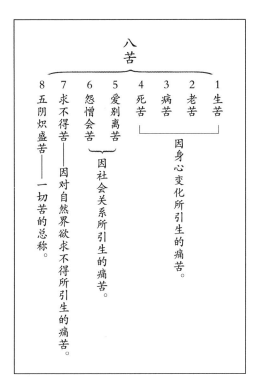

苦从哪里来?

1 有的苦是因物质的需求不得满足而生的……我与物。

2 有的苦是由人与人的关系而引生的……我与他。

3 有的苦是与自家身心俱来的…………我与身心。

4 有的苦是从内心的错误而来的…………欲与见。

总之，苦是因为执五蕴为有的关系。

厄——灾难、祸患的意思。

能照见五蕴皆空，即能超脱（度）一切痛苦和灾难。

（二）正宗分

（1）对人间看法

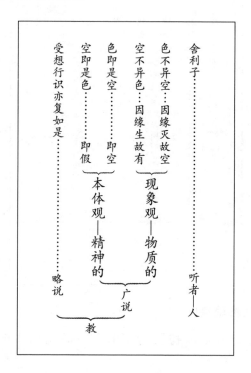

舍利子……………………听者—人

色不异空…因缘灭故空

空不异色…因缘生故有 ｝现象观—物质的

色即是空………即空

空即是色………即假 ｝本体观—精神的 ｝广说

受想行识亦复如是………略说

教

舍利子

舍利子——人名，佛陀十大弟子中智慧第一的弟子。

色不异空，空不异色，色即是空，空即是色。

为明五蕴皆空，首举色蕴为例。色与空的关系，本经用"不异""即是"四字来说明。不异即不离义，无差别义。色离于空，色即不成，空亦不显。空色，色空，二不相离，故说"色不异空，空不异色"。有人听了，以为空是没有，色是有，今虽说二不相离，而实各别的，空仍是空，色仍是色，为除此种计执，所以又说"空即是色，色即是空"即表示空色二不相离，而且相即。

色即物质，空指精神，物质不离开精神的主体——色不异空。精神亦不离开物质的作用——空不异色。物质是精神的使用品——色即是空，精神是物质的统御者——空即是色。

受想行识亦复如是

色蕴的道理是如此，其他受想行识诸蕴也是如此。

（2）对人间依报的看法

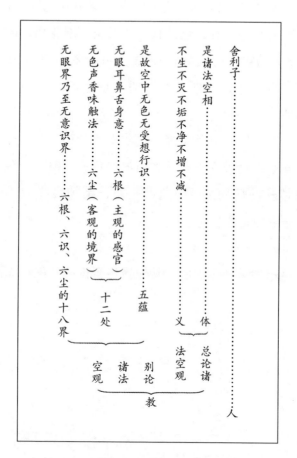

空——空像是数学中的 X，空是离语言文字的空，又像是不二法门。

生灭——是就事物的个体存在与不存在上说的……体。

垢净——是就事物的性质方面说的……………质。

增减——是就事物的数量方面说的……………量。

世间上的一切事物，不外体性的有无，性质的好坏，数量的多少，但菩萨证人空相，就通达诸法自性空。空，非先有后无，或本有今无的，所以说不生不灭。空性离烦恼而显，然在缠（烦恼）不染，离缠也并非新净，空不因证而新得，不因不证而失去，所以也说没有增减。

这是究竟的真理——毕竟空，只是法尔如是。

六根六尘关系表

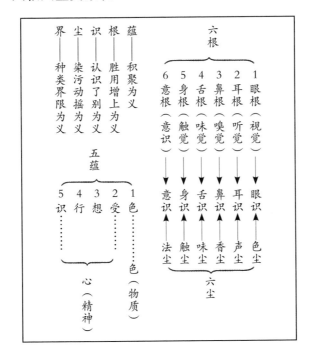

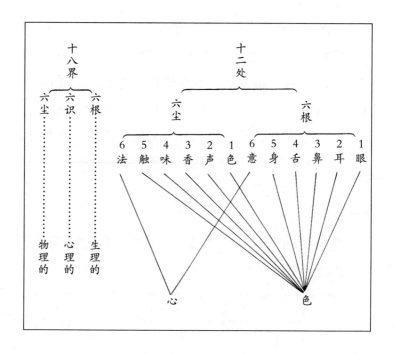

（3）对人生的看法

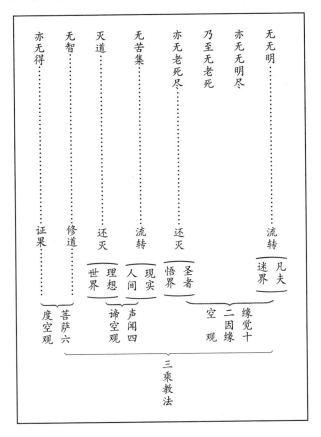

此是观十二缘起性空，观四谛空，观能证智与所证理空。十二缘起，即无明缘行，行缘识，识缘名色，名色缘六入，六入缘触，触缘受，受缘爱，爱缘取，取缘有，有缘生，生缘老死。此亦名十二支，曰缘起者，即因此而有彼的意思。四谛即苦谛、集谛、灭谛、道谛，亦名四圣谛，即四种圣人所明白的道理。兹将十二缘起与四谛列表说明如下：

十二缘起与三世因果关系表

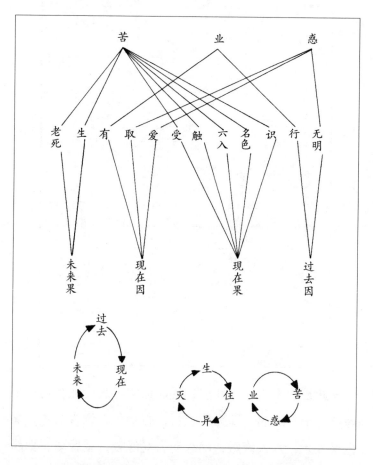

十二缘起法与蕴、处、界诸法不同，蕴处界是一切法的分类，是具体的事实，此缘起也可说是事实，如

老死生有等，都可以说是事实的现象，但缘起法重要在说明诸法的彼此依存性，前后程序性，即重在因果的理性，因果的法则。

三转四圣谛法轮表

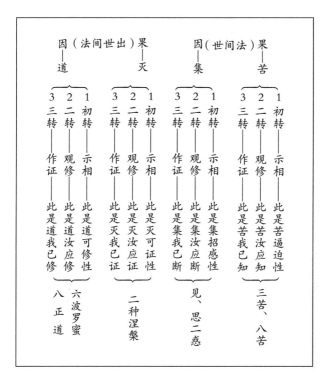

		示相	观修	作证	
因（世间法）果	苦	1 初转 此是苦逼迫性	2 二转 此是苦汝应知	3 三转 此是苦我已知	三苦、八苦
	集	1 初转 此是集招感性	2 二转 此是集汝应断	3 三转 此是集我已断	见、思二惑
因（出世间法）果	灭	1 初转 此是灭可证性	2 二转 此是灭汝应证	3 三转 此是灭我已证	二种涅槃
	道	1 初转 此是道可修性	2 二转 此是道汝应修	3 三转 此是道我已修	六波罗蜜 八正道

四圣谛，即四种真理，亦名四种真实。所称四圣谛者，因为这唯有圣者才能通达，此四圣谛与十二因缘同是诸法的理性，有不可变易的意义，如《遗教经》说：月可令热，日可令冷，佛说四谛不可令异。

（4）佛教的实践法

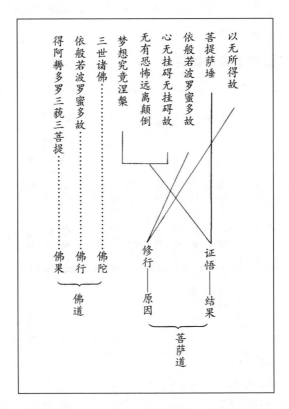

以无所得故，这是对于照见一切皆空所提出的理由，有以为空是外境空，内心的精神不空，这是境空心有论者，有以为空是除去内心的错误，外境不空这是心空境有论者。这都是偏于一边，不得法的实相，真空要在一切法的自性不可得上说，否则，众生以无明终要执为实有。

观空，不是知识的论辩，而是借此以解脱众苦的。所以说，若能在自性空上除了我法二执，即可证般若果——菩提萨埵。

观性空不可得，由此能心无挂碍，无智凡夫，不了法空，处处执有，心中的烦恼，波兴浪涌，所以触处生碍，无边荆棘。（如孩童见鬼神塑像而害怕，成人夜晚行路见绳误蛇而惊恐）恐怖为愚痴心生起，心有挂碍，执有我法而患得患失，故无在而不恐怖。

菩萨能了达法性空，知一切法如幻，能不为我法所碍而有恐怖，即能远离颠倒梦想。

四种颠倒列表如后：

四种颠倒

1 常倒——对于世间诸法无常之生灭法，妄计为常。

2 乐倒——对于世间诸苦妄计为乐。

3 我倒——对于世间诸法不明一切无我妄计为我。

4 净倒——对于世间诸不净法妄计为净。

梦想，即一切颠倒妄想，菩萨依智慧行，悟真空理，修中道行，远离一切颠倒梦想，消除身心，自他，物我间的种种错误，即拔除了苦厄的根本，得"究竟涅槃"。涅槃，是梵语，意译寂灭，一切动乱纷扰到此全无，故称究竟解脱。

三世诸佛，即是说不但菩萨，诸佛也是依此般若而得成佛的。佛是证得圆满觉悟的人。阿耨多罗三藐三菩提译曰"无上正等正觉"。

（三）流通分

故知般若波罗蜜多……般芳

是大神咒，是大明咒，

是无上咒，是无等等咒……功德

能除一切苦，真实不虚……

故说般若波罗蜜多咒，即说咒曰……咒名

揭谛揭谛，波罗揭谛，波罗僧揭谛，菩提萨婆诃……真言

所礼

礼赞—能礼

是大神咒——譬喻般若有极大的力量。

是大明咒——譬喻般若能除一切愚痴。

是无上咒——譬喻般若为一切法门中最上的，没有更过其上。

是无等等咒——涅槃为无等法，非一切可及，而般

若如涅槃故名"无等"。

印度人诵咒，不外为了除苦得乐，今此般若为咒王，依之可离生死苦，得涅槃乐，故说能除一切苦，真实不虚。

即说咒曰，以下为钝根人巧说般若。因为愚痴众生，听闻般若，每不易信受，反生毁谤。般若妙果，过于高上，卑劣众生不敢希求。尤其众生一向执有，今闻经中一再说空，与他们本心相违，极难信受。故方便应机说密咒，不重解说，只贵一心诵持，即能精神集中，引发智慧。"揭谛"去义，"波罗"到彼岸义，"僧"众义，"菩提"觉义，"萨婆诃"速疾成就义。

总合即是："去啊！去啊！到彼岸去啊！大众都去啊！愿正觉的般若速疾证得！"

（节录星云大师编讲《般若波罗蜜多心经讲要》）

5 从智慧学模式的《心经》
到安心文化传统的《心经》

一、《心经》成为一部中华文化安心宝典

《心经》至少在唐代中叶以后，逐步成为佛教信徒们以及佛教爱好者们用以指导人生修养，指导日常生活的重要佛教经典，或者重要佛教经典之一。也就是说，《心经》自唐代中叶开始，成为中华文化体系中的安心宝典。[①]

不过，从《心经》传入中土，到它的地位获得如此巨大的提升，这中间经过了一个非常复杂的过程。

《心经》最早的翻译可能在魏、晋之间。梁僧祐《出三藏记集》载有"摩诃般若波罗蜜神咒（一卷）"及"般若波罗蜜神咒（一卷，异本）"，僧祐将它们归入

"失译"经录内，所指即是这部《心经》。^②这个最早的《心经》译本，后来被归在著名佛教翻译家鸠摩罗什名下，称为"摩诃般若波罗蜜大明咒经"。

《心经》初译之后，似乎并未流行。唐贞观末年，玄奘法师开始般若类经典的组织、翻译工作。贞观二十二年（公元 648 年），他译出《能断金刚般若波罗蜜经》1 卷；次年（公元 649 年），译出《般若波罗蜜多心经》1 卷。^③唐高宗永徽四年（公元 653 年），皇太子即日后的中宗皇帝满月之时，玄奘向高宗敬献金字《般若心经》以及其他法物，以示祝贺和祈禳之意。^④玄奘此举显示他对《心经》的看重，尤其是对《心经》的祈禳祝福功能情有独钟。玄奘献金字《心经》的事件，可以看作《般若心经》在中国传播的真正滥觞。从此，新译《心经》日渐成为唐宫廷中重要的安心经典，这对于日后它从宫廷扩展到民间，从而演绎为影响广泛的中华安心宝典，显然具有重要的意义。

在由玄奘法师口授、弟子辩机记录而成的《大唐西域记》中，并没有只字提到过《心经》，不过玄奘西行求法的路途确实遭遇种种艰难困苦，他的这种非同寻常的经历，也一定给他的弟子们留下深刻难忘的印象。^⑤其次，如我们所见，他确实是中国推重《心经》这一伟大安心传统的开端。以上两个因素结合在一起，加上在《心经》中"观自在菩萨"（在玄奘之前的失译本中，称为"观音菩萨"）所起的关键角色，便衍生出了玄奘由观世音菩萨授予《心经》，因而能够避祸祈福，完成取经使命的著名历史故事。

这个故事或许在中唐之时已经广为流行。它的流行，即是中唐之时民间社会日益以《心经》作为安心经典这一历史过程的表现，同时也对民间社会《心经》安心这一传统的形成起了重要的发酵作用。编辑于北宋初年，主要收录唐代以及唐代以前有关史实及故事的《太平广记》，就从唐人的《独异志》及《唐新语》两本文献中，辑录过上述故事：

> 沙门玄奘俗姓陈，偃师县人也。幼聪慧，有操行。唐武德初，往西域取经，行至罽宾国，道险，虎豹不可过。奘不知为计，乃锁房门而坐。至夕开门，见一老僧，头面疮痍，身体脓血，床上独坐，莫知来由。奘乃礼拜勤求。僧口授多心经一卷，令奘诵之。遂得山川平易，道路开辟，虎豹藏形，魔鬼潜迹。遂至佛国，取经六百余部而归。其多心经至今诵之。⑥

上面这个故事说明，唐人已经称呼《般若波罗蜜多心经》为"多心经"，表明中国民间"多心经"这个著名称呼——特别因为《西游记》的使用，这个称呼被人们广为知晓——确实渊源悠久。⑦上面这个故事代表了中唐以后民间社会在《心经》信仰上达成的一般性的"共识"：人们认为，《心经》具有避祸祈福的神奇功能，它在著名的玄奘法师那里已经生效，对于其他信仰它的人们而言，也必有类似的效果。与这种民间态度⑧形成有趣的参照，知识精英们对于《心经》的理解，也正在发生相应的转变：如果说在玄奘之后相当长的时间，佛教知识精英们对于《般若心经》中的"心"字并非指人心之"心"字这一点大都了然于胸；那么随着时光的流逝，学者们则就情不自禁地倾向于以"人心"之"心"解读《心经》之"心"。随着信仰佛教或者同情佛教的精英知识分子的这种解读，智慧学系统的《心经》也就顺理成章地转型为安心传统的《心经》。

我们可以举两个例子，说明佛教知识精英《心经》解释中的这种转型。一个例子是玄宗朝资深官员、诗人和学者张说。在为秘书少监驸马都尉郑万钧所作石刻《心经》题写序言时，张说就从"万行起于心，心人之主"的角度，解释《心经》之"心"字，他说：

万行起于心，心人之主；三乘归于一，一法之宗。知心无所得是真得，见一无不通是元通。如来说五蕴皆空，人本空也；如来说诸法空相，法亦空也。知法照空，见空舍法，二者知见，复非空耶？是故定与慧俱，空法中立，入此门者为明门，行此路者为超路：非夫行深般若者，其孰能证于此乎？秘书少监驸马都尉荥阳郑万钧，深艺之士也。学有传癖，书成草圣，乃挥洒手翰，镌刻《心经》，树圣善之宝坊，启未来之华叶。佛以无依相而说，法本不生；我以无得心而传，今则无灭：道存文字，意齐天壤。国老张说，闻而嘉焉，赞扬佛事，题之乐石。⑨

另一个合适的例子是肃宗朝国师禅宗著名导师慧忠。在所写《般若心经序》中，慧忠已经直截了当地把《心经》之"心"字，解读为"诸法唯一心"之"心"字：

夫法性无连，岂借心之所测；真如非相，谍假言之所诠。是故众生浩渺无穷，法海汪洋何极，若也广寻文义，犹如镜里求形，更乃息念观空，又拟日中逃影。兹经喻如天地，何物不从地之所生；诸法唯一心，何法不因心之所立。但了心地，故号总持；悟法无生，名为妙觉。一念超越，岂在繁论者尔。⑩

到此为止，可以说构成中华安心《心经》传统的两个必要条件都已经具备：其一，人们认为《心经》是一部能够避祸祈福的具有神奇功效的佛教经典；其二，人们认为《心经》是能够指导人心、安顿性灵的佛教经典。还有两个因素也是必须考虑的：一个因素是当时弥布于印度、中国之间的观音信仰（如我们所知，可能还要加上阿弥陀信仰），由于《心经》在相当程度上被看成是观音系统的经典，它的地位在这种信仰背景中必然得到巨大的提升；另外一个因素是《心经》的篇幅，大家知道，《心经》全文汉译不过260字，可能是全部汉译佛教经典中篇幅最小的一部，这虽然只是一个偶然因素，但在喜欢简易的华夏文化氛围中，却使它不期然而然地具备了易于普及及流传的独一无二的优势。

不过，我们还是要问：《心经》果真是一部安心宝典吗？

二、略本《心经》梵本新译

由于《心经》梵本现存，我们在回答这个问题时，应当也可以直接从原典出发，检讨《心经》的文本意义。这样我们可以避免先入为主，或者穿凿附会。我们的基本思路是在中印佛教文化互动的视野中看待《心经》思想信仰流传的哲学诠释学思路。

《心经》传本，历史上有略本、广本之区分。玄奘大师所译《心经》，魏晋时代那部失译本《心经》，以及敦煌所传的《心经》，都是略本《心经》；中国其他几种汉译《心经》，以及中国西藏地区所传的《心经》，则是广本《心经》。

我们在本文中使用的两个《心经》梵本，见于由维迪耶博士所编校的 *Mahāyāna-sūtra-saṃgrahaḥ*（*part 1*），*Buddhist Sanskrit Texts No. 17. Darbhanga*，The Mithila Institute，1961。

同时，也参考孔泽的几部著作：如：Thirty Years of Buddhist Studies，Selected Essays by Edward Conze，*Published 1967, by*BRUNO CASSIRER（PUBLISHERS）LTD，31 Portland Road，Oxford；以及，Buddhist Wisdom Books Containing The Diamond Sutra and The Heart Sutra，London，1957.

此外，如林光明先生所编《梵藏心经自学》、方广锠所编《般若心经译注集成》、万金川所编《敦煌石室〈心经〉音写抄本校释》、许洋主先生所编《新译梵文佛典金刚般若波罗蜜经》等书中的有关资料，也是我们在对勘、翻译时所使用的有益的参考书目。

在本节中，我们先讨论略本《心经》梵本。

1. 略本《心经》梵本直录

prajñāpāramitāhṛdayasūtram|

［saṃkṣiptamātṛkā］

|| namaḥ sarvajñāya||

āryāvalokiteśvarabodhisattvo gambhīrāyāṁ prajñāpār-
amitāyāṁ caryāṁ caramāṇo vyavalokayati sma| pañca
skandhāḥ, tāṁśca svabhāvaśūnyān paśyati sma||

iha śāriputra rūpa śūnyatā, śūnyataiva rūpam| rūpānna
pṛthak śūnyatā, śūnyatāyā na pṛthag rūpam| yadrūpaṁ sā
śūnyatā, yā śūnyatā tadrūpam||

evameva vedanāsaṁjñāsaṁskāravijñānāni||

ihaśāriputra sarvadharmāḥ śūnyatālak ṣaṇā anutpannā
aniruddhā amalā na vimalā nonā na paripūrṇāḥ|

tasmācchāriputra śūnyatāyā na rūpam, na vedanā,
na saṁjñā, na saṁskñārñā, na vijñānāni| na cakṣhro-
traghrāajihvākāyamanāsi, na rūpaāabdagandharasaspraāavy
adharmā| na cakṣurdhāturyā vanna manodhātuḥ||

na vidyā nāvidyā na vidyākṣayo nāvidyākṣayo
yāvanna jarāmaraṇaṁ na jarāmaraṇakṣayo na
duḥkhasamudayanirodhamārgā na jñānaṁ na prāptitvam||

bodhisattvasya (śca?) prajñāpāramitāmāśritya
viharati cittāvaraṇaḥ| cittāvaraṇanāstitvādatrasto
viparyāsātikrānto niṣṭhanirvāṇaḥ| tryadhvavyavasthitāḥ
sarvabuddhāḥ prajñāpāramitāmāśritya anuttarāṁ
samyaksaṁbodhimabhisaṁbuddhāḥ||

tasmājjñātavyaḥ prajñāpāramitāmahāmantro mahāvidyāman

tro'nuttaramantro'samasamamantraḥ sarvaduḥkhapraśamanaḥ

satyamamithyatvāt prajñāpāramitāyāmukto mantraḥ|

tadyathā–gate gate pāragate pārasaṃgate bodhi svāhā||

iti prajñāpāramitāhṛdayasūtraṃ samāptam||[①]

2. 略本《心经》梵本新译

般若波罗蜜多心经

（略本）

向知一切者敬礼！

圣观自在菩萨，在深奥的般若波罗蜜多中践行时，曾经观照五蕴，并且观照到它们是自体空的。

在这里，舍利弗啊！色蕴是空性，空性正是色蕴；空性不异于色蕴，色蕴不异于空性；是色蕴者是空性，是空性者是色蕴。

受、想、行、识这四种蕴，正是同样。

在这里，舍利弗啊！一切诸法都拥有空性这种特征，它们不产生，不消灭；不污垢，不离垢；不缺欠，不圆满。因此，舍利弗啊！在空性中，没有色蕴，没有受蕴，没有想蕴，没有行蕴，没有识蕴；没有眼、耳、鼻、舌、身、意这六种处；没有色、声、香、味、触、法这六种处；没有眼界，一直到：没有意（识）界。

没有知识，没有无明，没有知识的消灭，没有无明的消灭。一直到：没有衰老、死亡，没有衰老、死亡的消灭。

没有痛苦、起源、寂灭、道路；没有智慧，没有证得。

一个菩萨，依据般若波罗蜜多生活，则心无障碍。由于心之障碍不存在，则不恐怖，超越了颠倒，拥有彻底的灭度。

在（过去、未来、现在这）三世中住立的所有的佛陀，依据般若波罗蜜多，则觉证无上的正确觉悟。

因此，（以下的道理）应当被理解：般若波罗蜜多，是伟大的咒语，是伟大的明咒咒语，是无上的咒语，是等于无与伦比的咒语，它能够消除一切的诸苦，这是由于它确实具有不虚妄性。在般若波罗蜜多中，就说了咒语，即指：

揭谛揭谛！波罗揭谛！波罗僧揭谛！菩提沙婆诃！

般若波罗蜜多心经，已经圆满。

三、广本《心经》梵本新译

1. 广本《心经》梵本直录

prajñāpāramitāhṛdayasutraml

［vistaramātṛkā］

lnamaḥ sarvajñāyall

evaṁ mayā śrutaml ekasmin samaye bhagavān rājagṛhe viharati sma gṛdhrakūṭe parvate mahatā bhikṣusaṁghena sārdhaṁ mahatā ca bodhisattvasaṁghenal tena khalu samayena bhagavān gaṁbhīrāvasambodhaṁ nāma samādhiṁ samāpannaḥl tena ca samayena āryāvalokiteśvaro bodhisattvo mahāsattvo gambhīrāyāṁ prajñāp ā ramitāyāṁ caryāṁ caramāaḥ evaṁ vyavalokayati smal paūca skandhāṁstāṁca svabhāvaśūnyaṁ vyavalokayatill

athāyuṣmān śāriputro buddhānubhāvena āryāvalokiteśvaraṁ bodhisattvametadavocat- yaḥ kaścit kulaputro ［vā kuladuhitā vā asyāṁ］ gambhīrāyāṁ prajñāpāramitāyāṁ caryāṁ cartukāmaḥ, kathaḥ ikṣitavyaḥ?evamukte āryāvalokite Śvaro bodhisattvo mahāsattvaḥ āyuṣmantaṁ śāriputrametadavocat- yaḥ kaścicchāriputra kulaputro va kuladuhitā vā［asyāṁ］gambhīrāyāḥ prajñāpāramitāyāṁ caryāṁ cartukāmaḥ, tenaivaṁ vyavalokitavyam–pañca skandhāṁstāṁśca svabhāvaśūnyān samanupaśyati smaI rūpa śūnyatā, śūnyataiva rūpamI rūpānna pṛthak śūnyatā, śūnyatāyā na pṥthag rūpamI yadrūpaṁ sā śūnyatā, yā śūnyatā tadrūpamI evaṁvedanāsaṁjñāsaṁskāravijñānāni ca śūnyatāI evaṁ śāriputra sarvadharmāḥ śūnyatālakṣaṇā anutpannā aniruddhā amal ū vimalā anūnā asaṁpūrṇāḥI tasmāttarhi śāriputra śūnyatāyāṁ na rūpam, na vedanā, na saṁjñā, na saṁskārāḥ, na vijñānam, na cakṣurna śrotraṁ na ghrāṇaṁna jihvā na kāyo na mano na rūpaṃ na śabdo na gandho na raso na spraṣṭavyaṃ na dharmaḥI na cakṣurdhāturyāvanna manodhāturna dharmadhāturna manovijñānadhātuḥI na vidyā nāvidyā na kṣayo yāvanna jarāmaraṇaṁ na jarāmaraṇakṣayaḥ, na duḥkhasamudayanirodhamārgā na jñānaṁ na prāptirnāprāptiḥI tasmācchāriputra aprāptitvena bodhisattvānāṁ prajñāpāramitāmāśritya viharati cittāvaraṇaḥI cittāvaraṇanāstitv ū datrasto viparyāsātikrānto niṣṭhanirvāṇaḥI tryadhvavyavasthitāḥ sarvabuddhāḥprajñāpāramitāmāśritya anuttarāṁsam yaksaṁbodhimabhisaṁbuddhāḥI tasmād jñātavyaḥ prajñāpāramitāmahāmantraḥ anuttaramantraḥ asamasamamantraḥ sarvaduṇkhapraśamanamantraḥ

satyamamithyatvāt prajñāpāramitāyāmukto mantraṁ|
tadyathā– gate gate pāragate pārasaṁgate bodhi svāhā|
evaṁ śāriputra gambhīrāyāṁ prajñāpāramitāyāṁ caryāyāṁ
śikṣitavyaṁ bodhisattvena||

atha khalu bhagavān tasmātsamādhervyutthāya
āryāvalokiteśvarasya bodhisattvasya sādhukāramadāt-
sādhu sādhu kulaputra| evametat kulaputra, evametad
gambhīrāyāṁ prajñāpāramitāyāṁ caryaṁ cartavyā yathā
tvayā nirdiṣṭaṁ| anumodyate tathāgatairarhadbhiḥ||

idamavocadbhagavān| ānandamanā āyuṣmān
śāriputraḥ āryāvalokiteśvaraśca bodhisattvaḥ sā ca sarvāvatī
pariṣat sadevamānuṣāsuragandharvaśca loko bhagavato
bhāṣitamabhyanandan||

iti prajñāpāramitāhṛdayasūtraṁ samāptaṁ|⑫

2. 广本《心经》梵本新译

般若波罗蜜多心经

（广本）

向知一切者敬礼！

我曾这样听闻：

在一个时候，薄伽梵与伟大的比丘团体一起，并且与伟大的菩萨团体一起，曾经住在王舍城鹫峰山上。在此时刻，薄伽梵进入名为"深奥的觉悟"这种三摩地中。

而在此时刻，圣观自在菩萨摩诃萨，在深奥的般若波罗蜜多中践行时，曾这样观照五蕴，并且观照到它们是自体空的。

当时，长老舍利弗，由于佛陀的威力，问圣观自在菩萨："若有某个良家之子，或者良家之女，想要在此深奥的般若波罗蜜多中践行，那么此人应当如何学习呢？"

这样说罢，圣观自在菩萨摩诃萨，对长老舍利弗说：舍利弗啊！若有某个良家之子，或者良家之女，想要在此深奥的般若波罗蜜多中践行，此人就应当这样观照五蕴，并且观照到它们是自体空的。

色蕴是空性，空性正是色蕴；空性不异于色蕴，色蕴不异于空性；是色蕴者是空性，是空性者是色蕴。

受、想、行、识这四种蕴，同样是空性。

舍利弗啊！一切诸法也都同样拥有空性这种特征，它们不产生，不消灭；不污垢、离垢；不缺欠，不圆满。因此，舍利弗啊！在空性中，没有色蕴，没有受蕴，没有想蕴，没有行蕴，没有识蕴；没有眼处，没有耳处，没有鼻处，没有舌处，没有身处，没有意处；没有色处，没有声处，没有香处，没有味处，没有触处，没有法处；没有眼界，一直到：没有意界，没有法界，没有意识界。

没有知识，没有无明，没有（知识、无明的）消灭。一直到：没有衰老、死亡，没有衰老、死亡的消灭。

没有痛苦、起源、寂灭、道路；没有智慧，没有证得，没有非证得。

因此，舍利弗啊！由于有非证得性，因而一个菩萨⑬依据般若波罗蜜多生活，则心无障碍。由于心之障碍不存在，则不恐怖，超越了颠倒，拥有彻底的灭度。

在（过去、未来、现在这）三世中住立的所有的佛陀，依据般若波罗蜜多，则觉证无上的正确觉悟。

因此，（以下的道理）应当被理解：般若波罗蜜多，是伟大的咒语，（是伟大的明咒这种咒语，）⑭是无上的咒语，是等于无与伦比的咒语，是能够消除一切诸苦的咒语，这是由于它确实具有不虚妄性。在般若波罗蜜多中，就说了咒语，即指：

揭谛揭谛！波罗揭谛！波罗僧揭谛！菩提沙婆诃！

舍利弗啊！一个菩萨应当这样学习在深奥的般若波罗蜜多中践行。

当时，薄伽梵，从那种三摩地出来，就给圣观自在菩萨施与了赞叹：太好了，太好了！良家之子啊！此事如此，良家之子啊！此事如此。（一个菩萨）应当如你所开示，在深奥的般若波罗蜜多中践行。诸如来、阿罗汉，都随喜（你所说的）。

薄伽梵说了上面这些话，满心欢喜。长老舍利弗，圣观自在菩萨，所有的那些大众，以及有天神、人类、阿修罗、乾达婆的世间，都欢喜薄伽梵所说的。

般若波罗蜜多心经，已经圆满。

四、基于梵本新译的《心经》文意再检讨

在有了两种梵本《心经》以及它们的新译之后，我们进而可以对《心经》的文本意义，再作一些分析检讨。

首先，从标题看。梵本《心经》的标题是 Prajñāpāramitāhṛdayasutram，其中，Prajñā（般若），是"智慧"之意；pāramitā（波罗蜜多），是达到对岸、完全成就、圆满完成之意；hṛdaya，是"心脏""精要"之意；sutram，是"经典"之意。

按照梵语复合词的解释规则，这个标题可以读为"如同心脏的般若波罗蜜多经"，或者读为"般若波罗蜜多之精要经"。这两个读法，在意思上是统一的：在所有的佛教般若系统的经典当中，这部经典非常重要，非常特殊，它是所有的《般若波罗蜜多》之精要。以人体

五脏来譬喻，心脏主血脉，又主神智，在五脏中具有中心之地位。这部经典在般若系统经典中也具有这种中心之地位，所以其他的般若波罗蜜多经典是如同胃脏等的，这部经典则是"如同心脏的"。

因此，从标题看，这部经典是属于佛教般若思想系统的，它是讨论般若即智慧的。当然它在佛教智慧学系统的经典中，具有某种特殊的地位：它提供了佛教智慧学之精要。根据这个标题，我们不能不了解《心经》在佛教般若思想系统中的重要地位；不过我们也不能望文生义，一看到经典的标题有一个"心"字，就认定它一定是、当然是研究人心、安顿人心的经典。

其次，让我们稍为详细地审查一下经文标题中的"心"字。这个"心"字原文是 hṛdaya，它有抽象的意义（"内部""精要"等），也有具体的意义（"心脏"）。不过，无论取其抽象的意义，还是取其具体的意义，这个 hṛdaya 都不是指我们通常所说的人心（mind）。

在梵文里面，表示"心脏"的"心"字，和表示"人心"的"心"字，是两个完全不同的字。前者已如上所述，是 hṛdaya；后者则有很多不同的名称。其中，依据佛教唯识系统通常的用法，梵文里主要有三个表示"心"的名称：一个是 citta，汉译为"心"字，是"积累"之意，它表示：人心是指无始以来各种生命经验、知觉经验的累积；一个是 manas，汉译为"意"字，是"审虑"之意，它表示：人心是指经常地自我思虑之功能；一个是 vij`qna，汉译为"识"字，是"识别"之意，它表示：人心是对于对象的分别或者识别。

关于上述最后一种人心（识，vij`qna），在印度哲学以及佛教哲学中，又有六识、八识等不同的说法。印度传统哲学以及早期佛教哲学各派，都取"六识"之说，认为人心有眼识、耳识、鼻识、舌识、身识、意识这六种识别对象的功能。大乘佛教特别是瑜伽行派的佛教，主张人心中除了有六种识别功能之外，还存在着第七种识别功能（末那，manas，对于自我之识别），以及第八种识别功能（阿赖耶识，qlaya—vij`qna，对于生命及其生存环境之识别）。

因此，从印度哲学以及佛教哲学的术语来看，印度语言中"心脏"与"人心"二分，二者之间存在严格的义界；关于人心，有着非常明确和固定的说法。而在《心经》里面，关于人心的上述功能、特点，虽然不能说都没有涉及，但确实没有集中或专门地讨论过，所以很难说它是研究人心的经典。

再从《心经》的内容看。《心经》是智慧学系统的经典，与其他般若系统经典一样，《心经》的主题也是"般若波罗蜜多"。般若波罗蜜多，梵语为

Prajñāpāramitā，意思是"达到对岸的智慧"，或者"圆满成就的智慧"。佛教哲学中谈到六种或者更多种"达到彼岸"或者"圆满成就"，般若是它们当中的一种，所以称为"般若波罗蜜多"。这个术语的含义，是指通过智慧对于世界有着完全真实的看法。在《心经》中，这个完全真实的看法之要点，由观自在菩萨指点出来，就是："观照五蕴，并且观照到它们都是自体空的。"观自在菩萨进而指点这一正确世界观的总纲："一切诸法都拥有空性这种特征。"

所以《心经》研究对于世界的正确看法，研究对于"所有的诸法"的正确看法。《心经》正文中按照"五蕴""十二处""十八界""十二缘生"等佛教哲学之基本世界观格式，检讨对于世界即"所有的诸法"的正确看法，其中当然涉及对于心识的正确看法问题。不过，在《心经》里面涉及的对于心识的看法，与对于其他任何事物的看法都是没有区别的。《心经》旨在研究诸法之共性，而不在于研究心识之特性。因此，从内容上看，《心经》虽然也讨论到人心，但是却是从"所有的诸法"的共性角度来讨论的。《心经》的重点是智慧学的共通主题：对于"所有的诸法"的共性之研究与认识。

还有一点也是我们需要注意的。由于广本、略本两种《心经》俱在，加上几个根据广本而来的古代汉译也现存，可以十分肯定地说，历史上两种本子的《心经》应当是同源的，略本《心经》不过是将广本的开头以及结尾部分去掉而已，而广本《心经》也不过是在略本《心经》的基础上加上开头和结尾而已。我们根据广本来看，知道这部般若系统经典的主导者，仍然是佛陀，而不是观自在菩萨。当然在这部经典的宣讲当中，观自在菩萨起到重要的作用。不过如果由此把这部经典归结为"观音系统"的经典，则是勉为其难的。

综合以上分析，我们可以得出结论：《心经》仍然是佛教般若系统的经典，即是佛教智慧学系统的经典，而不是研究、探讨人心之特点、功能及其安顿的经典。从这个意义上讲，《心经》在中国演绎成为一个中华安心之传统，并不是一件完全自然而然的事情。

那么，我们这样说，是不是要完全否定《心经》与人心安顿之间的关系呢？不是的。

无论是广义的整个佛教的智慧学，还是狭义的佛教般若系统的智慧学，都与人心之研讨以及人心之安顿的问题，有着不可分割的关系。智慧学研究的中心内容是如何认识世界的真相，而通常的人心，则由于各种错误的经验之影响，总是为妄相所蒙蔽，因而不能认识世界的真相。在人心里面，存在着认识之障碍（nivaraza）。

智慧学，例如在这部经典中，以"一切诸法都是自体空的"教导作为核心的智慧学，就是设法引导人们清除人心里面的认识之障碍。一旦去掉认识之障碍，人心则就能够认识世界的真相。从这个意义上讲，包括《心经》在内的般若系统，甚至整个佛教思想系统，都可说是在指点对于人心的认识障碍之清除，因而也就都与人心研讨乃至心灵安顿这样的问题，发生必然的关系。

所以，对于本文在第一部分结束时提出的问题——《心经》果真是一部安心宝典吗——，现在，我们可以这样尝试完整地回答：

（1）《心经》是佛教般若系统之精要，是佛教智慧学之精要，因此，如果就整个佛教思想系统都与人心研讨以及人心安顿有关的"广义"而言，确实可以说《心经》也是一部安心经典；如果就佛教般若系统旨在清除人心之认识障碍，从而使得人心能够认识世界之真相的"狭义"而言，也确实可以说《心经》是一部安心经典。

（2）不过《心经》本身确实并不特别着意检讨人心之特征、功能等，它只是从"一切诸法"的一般共性的角度，涉及对于人心问题的讨论，它并不措意对于人心之特性——人心区别于一般物质事物的主动性、明觉性、反省性、超越性等等——的检讨。

（3）《心经》的一些偶然特性，例如，从内容上言，它是大乘佛教智慧学集大成性的经典《大般若经》的思想精粹；从形式上言，它不过区区 260 余字，具有高度的概括性，以及便于记忆的特点；它的标题中采纳了一个表示"心脏"以及"精要"的"心"字，而在中国文化传统中，"心"这个字与中国人的精神传统，也就是我们所说的"安心传统"，可谓息息相关；在宣讲之角色上，《心经》中有观自在菩萨隆重出场，而观自在菩萨无论在印度或是在中国，都是一个具有特殊地位的崇高的信仰对象；还有，《心经》的后半段经文与密咒之间存在密不可分的信仰关联，这一特征使得它具备一般智慧学经典或一般哲学经典所不具备的神奇魔力，而这种神奇的力量正是一般大众内心深处最普遍的需求；最后，在中土传播中某些特殊的历史机遇，对于《心经》之流传，也具有不可忽视的意义，例如，它由历尽磨难终成弘法大业的玄奘大师大力倡导，这一因素可能在帮助《心经》成为一部广为流传、家喻户晓的中华安心经典的道路上，曾经起到并且至今似乎仍在起着某种关键性的作用。

五、中华文化安心《心经》传统的启发

我们从本来属于佛教智慧学传统的印度《心经》，

到中华安心传统的《心经》的演绎过程，可以获得哪些启发呢？

1. 注重人心安顿的中华文化精神

首先，印度《心经》在中国的传播与演绎，当然离不开中华文化传统的前定的意义背景。中国文化传统中重视人心、重视精神生命的安心精神，在中华安心《心经》的发展指向当中，起到了关键的引领作用。

在中国汉字中，"心"字既表示"心脏"之意义，也表示知、情、意的"人心"之意义。这种与印度有别的用法，甚至可以提追溯到甲骨文时期。春秋时期之前，中华文化对于人心之认识已经十分翔实，并且已经形成对于人心问题倍加关注、特别着意人心之安顿的文化特质。在这一时期的几部经典著作中，都表现出这样一种文化特质。

例如，在反映从三代迄于春秋时期百姓生活的《诗经》中，多次出现"我心""女心"的说法，说明"我心""女心"这些词语当时已经是人们的日常用语。如在《草虫》中，诗篇作者咏叹"我心"："喓喓草虫，趯趯阜螽。未见君子，忧心忡忡。亦既见止，亦既觏止，我心则降。陟彼南山，言采其蕨。未见君子，忧心惙惙。亦既见止，亦既觏止，我心则说。陟彼南山，言采其薇。未见君子，我心伤悲。亦既见止，亦既觏止，我心则夷。"⑮在《杕杜》中，诗篇作者咏叹"女心"："有杕之杜，有睆其实。王事靡盬，继嗣我日。日月阳止，女心伤止，征夫遑止。有杕之杜，其叶萋萋。王事靡盬，我心伤悲。卉木萋止，女心悲止，征夫归止。"⑯"我心"即"我的心"，"女心"即"你的心"，这种表达方式，即便在几千年之后的今天，我们这些使用汉语的华夏子孙，仍然一脉相承。

特别值得注意的是，《诗经》中反复叹咏"忧心"这一主题。导致诗人忧心之痛的情境，既可以是如上所引《草虫》的个人情感生活；也可以如《正月》中所叹咏的"忧心愈愈""忧心殷殷"等等那样，是家国天下之遭际。《诗经》歌谣中以"忧患意识"作为特征的人生社会苦难情感之体验方式，预示了日后华夏文化传统中心灵安顿的基本价值指向。

在另一部著名著作《左传》中，作者从总结社会历史经验与政治治衰经验出发，对于在现实社会政治生活中显现的人心的诸多层面，有过许多精辟的分析和描述。如它提到过"斗心"（《左传》桓公五年），"违心"（《左传》桓公六年），"虞心"（桓公十一年），"甘心"（庄公九年），"贰心"（宣公十二年），"二心"（庄公十四年），"同心"（僖公十四年），"悖心"（僖公三十二年），"狼子野心"（宣公四年），"童心"（襄公三十一年），"祸心"（昭公五年），"怨心"（昭公十三年），"豖心"（昭公二十八年），"守心"（昭公二十八年）等，说明这个时代的作者对于人心之复杂与微妙，已经有了相当深刻的认识。

《左传》里面有两段文字，对于中华安心传统的成型意义重大：一段是晏子回答齐侯"和与同异乎"的提问，晏子提出"心平德和"之说，主张调和五味、五声以平和人心（《左传》昭公二十年）；一段是成鱄对魏子之问，成鱄提出"心能制义曰度"的说法，认为人心的一个重要特征是，它具有善恶审虑与道德裁断的能力（《左传》昭公二十八年）。

与《左传》从历史理性以及道德理性角度研究人心的特点、功能及其安顿的准则相似，另一部早期经典《尚书》提出"人心惟危，道心惟微，惟精惟一，允执厥中"的著名格式。（《尚书·虞书·大禹谟》）《尚书》还提出"以义制事，以礼制心"（《商书·仲虺之诰》）的说法。《尚书》这些说法与《左传》一样，对于启发儒家的安心理论，都具有重要的意义。

儒家学说创始人孔子并未太多地讨论人心问题。不过，孔子自述自己一生学行时，提出"七十而从心所欲不逾矩"（《论语·为政第二》），说明他以"矩"制

"心"，与《左传》"心能制义"以及《尚书》"以礼制心"的说法，是一致的。孔子在评价自己最得意的学生颜回时，称赞"其心三月不违仁"（《论语·雍也篇第六》），说明孔子把"心"与"仁"联系在一起，认为仁的原则应当是人心安顿的根本原则。此后，孔子后学承接了孔子这个"心不违仁"的安心方向。

孟子是先秦诸子中对于人心安顿问题探讨最多的一位学者。孟子提出"耳目之官不思，而蔽于物。物交物，则引之而已矣。心之官则思，思则得之，不思则不得也。此天之所与我者"（《孟子·告子上》），这可能是先秦诸子中对于人心的反思、审虑之特点最为清醒的认识。孟子提出"人皆有不忍人之心"的理论，认为恻隐之心、羞恶之心、辞让之心、是非之心，都是人们先验地具有的（《孟子·公孙丑上》）。孟子从道德意识角度解释人心，称这种道德意识为"良心"（《孟子·告子上》）。孟子人心探讨的特殊意义是，他从先验角度反思人心特性，从而把道德意识的人心本体化了。

以上我们简略省思了从三代、春秋至战国中期中国文化人心探讨的历史。这个省思足以说明，中华文化传统从其发端开始，确实就是一个重视人心安顿、重视精神文明的传统。没有这样一个文化传统的底质，我们无法解释为什么智慧学系统的佛教《心经》，会演绎成为中华安心之《心经》。另一方面，我们通过对于中华安心《心经》传统的追本溯源式的检讨，再一次感悟到中华文化其实包含一个重视心灵安顿的伟大传统。在物质文明日渐膨胀而心灵生活异常麻木的今天，我们需要再度揭橥中华文化的这一安心精神！

2. 三教分工、殊途一致的中华文化格局

我们反省佛教智慧系统的《心经》演绎为中华安心传统的《心经》的过程，不能不与魏晋隋唐之间逐步形成的儒、释、道三教鼎立的中华文化格局联系起来考虑。

自两汉之际佛教进入中国以及东汉末年道教兴起之后，儒、释、道的关系问题，一直是此后几百年间中华文化格局的大问题。汉魏时期的佛教学者牟子提出："尧舜周孔修世事也，佛与老子无为志也。仲尼栖栖七十余国，许由闻禅洗耳于渊。君子之道，或出或处，或默或语，不溢其情，不淫其性。故其道为贵，在乎所用。何弃之有乎。"[17]认为儒家思想的功能是管理"世事"（现实的政治生活或社会生活），佛、道二教的功能则是处理"无为"（超出现实的精神生活），初步提出儒、释、道三教具有不同文化功能，然而它们都是"君子之道"的观点。

南朝宋时文学家颜延之进一步提出，佛、道二教，也有不同的文化功能。他说："为道者盖流出于仙法，故以练形为上；崇佛者本在于神教，故以治心为先。"⑱就是说道教的本源是"仙法"，佛教的本源是"神教"；因此，佛教的文化功能在于"治心"，道教的文化功能在于"练形"。至此，在中国的知识界基本形成儒家治世、佛教治心、道教治身的文化格局。

主张三教虽然文化功能各异却在本质上一致，这是当时社会上对于三教关系理解的一个重要方面。凡是坚持这样的观念的人，在儒、道、佛并重的同时，主张提高佛教的文化地位。这个倾向以梁武帝为典型代表。例如，他在《述三教诗》中，就清楚地表达了这种看法："少时学周孔，弱冠穷六经。孝义连方册，仁恕满丹青。践言贵去伐，为善在好生。中复观道书，有名与无名。妙术镂金版，真言隐上清。密行遗阴德，显证在长龄。晚年开释卷，犹月映众星。苦集始觉知，因果方昭明。不毁惟平等，至理归无生。分别根难一，执着性易惊。穷源无二圣。测善非三英。"⑲

三教关系还有另一个方面，那就是本土思想对于外来的佛教排拒、甚至打击的方面。齐末，曾有道士假托张融作《三破论》，认为佛教"入国而破国""入家而破家""入身而破身"，认为佛教完全摧毁中华文化价值，这个说法就是排挤佛教态度的最激烈的反映。这篇著名的《三破论》曾引起同情佛教的学者们的反驳，如刘勰就为此作《灭惑论》进行反击。

总的来说，在魏晋南北朝时期，从多元文化功能角度安排三教关系的三教融合之说，始终是社会意识的主流。隋唐时期，上述社会意识已经升华为比较明确的国家意识形态，因此，唐代初期以及中期都采取了让三教各自承当一定文化功能的"三教折中"的意识形态政策。[20]唐代的这种做法影响深远，它为后来的宋、元、明历朝所仿效[21]，从而造就此后1000多年三教鼎立、功能多元的中国文化之基本格局。

当我们从儒、释、道三教鼎立的中华文化格局之角度，来反思中华安心《心经》的传统时，我们一方面可以感悟到中国2000年文化格局的博大、开放、包含与宽容，正是在这种特殊的文化格局中，来自印度的智慧学系统的《心经》，才得以从功能角度被整合为中华文化的重要安心系统，或者重要安心系统之一；另一方面，我们也应当看到：所谓"儒家治世、佛教治心、道教治身"的功能安排，虽然不是一时的权宜之计，却也从未得到三教中人普遍一致的认同，三教文化功能之争在历史上从未完全地停止过，三家中也没有任何一家同意把自己完全局限于三种文化功能中的一种文化功能。

上述这种奇特的现象，从一个侧面说明包括佛教《心经》在内的中国三教文化是博大精深的，因而，将它们圈限于某种特定的局部的文化之功能的意识形态安排，或许对其是不无委屈的。

3. 在"佛教化"与"中国化"的思想张力之间

当我们把安心《心经》的思想传统理解为是在中华文化安心精神之导引下，历魏、晋、隋、唐之间，通过儒、释、道三教分工、殊途一致的中华文化格局，被整合形成的一种中华安心传统时，大家可能就会提问：那么此种中华安心《心经》传统中的《心经》理解，符合佛教《心经》之本意吗？

由于佛教思想在中国的传播，都不可能脱离中华文化背景，因此，针对印度佛教思想在中国传播发展而言，上面的提问扩展为一个普遍性的问题：中国的佛教诠释与理解，符合佛教思想的本来意义吗？

此种提问方式是和这样的真理观念一致的：人们把佛教的思想传统看成一个业已完成的封闭的传统，这个传统具有某个"客观的"意义，因此，这个传统在中国的传播，中国人接受来自印度的这个传统的过程，就是中国人的"理解"与佛教传统固有意义相"符合"的过程。无论是近代以来由欧阳竟无等人所开创的对于所谓"中土疑伪经论"的批判运动，还是作为这一批判运动的对立面，如太虚等人那样的"中国佛学"的卫护者们，都坚守着上述"客观的"真理观念。

这种真理观念是前解释学的真理观念。在《真理与方法》这部哲学解释学的名著当中，德国哲学家伽达默尔将这种关于真理及理解活动的"科学的客观性之概念"，称为人文科学中"本体论的障碍"。伽达默尔构思的旨在为人文科学提供新的哲学地基的哲学解释学，目的就是动摇这种"本体论的障碍"。他说："我们的问题是，解释学，一旦从科学的客观性之概念的本体论的障碍挣脱出来，如何地能够公允地对待理解的历史性。"㉒

其实，佛教的思想传统对于上述哲学解释学的真理观念及其理解人类经验的方式并不陌生。印度大乘佛教著名经典《维摩诘所说经》中曾经提出："佛以一音演说法，众生随类各得解"㉓，明确指出人们对于佛教思想的理解是在"一音"的"佛陀"和"随类"地"众生"之间进行的。这是一个典型的解释学的理解构架。

因此，当我早年撰写《欧阳竟无佛学思想研究》一书时，我曾经思考上述问题，并尝试把中国佛教思想的理解构架，称为"在佛教化与中国化的思想张力之间"的理解模式。其中，"佛教化"，指中国佛教理解中追求客观性真理的向度，即追求佛陀"一音"的向度；"中国化"，指作为中国佛教理解之前提的中国文化根基，包括文字、历史、文化、社会现实等；所谓"张力"，则用来描写在中国佛教理解中思想的两种不同的向度之间的紧张和矛盾。我们认为，没有紧张与矛盾的中国佛教理解是不可能进行的，正如没有紧张与矛盾的任何文本的理解都是不可能进行的一样；正是在思想的两种趋向的紧张和矛盾中，中国佛教理解不断地达到历史性的"视界融合"。㉔

　　我们对于中华安心《心经》传统的理解，当然也必须突破"科学的客观性之概念的本体论的障碍"，在由佛陀开创的佛教解释学以及伽达默尔哲学解释学的视野中来进行！

六、《心经》与《大般若经》的思想、文本关联

　　《心经》虽然是属于般若学系统的经典，但却不是集般若思想之大成的六百卷《大般若经》中的一个部分；《心经》虽然从形式上言并不属于《大般若经》的一个组成部分，但是《心经》却是公认的《般若》思想的一个精要。这样就引申出一个问题：《心经》与《大

般若经》的关系究竟如何？与这个问题关联在一起的，还有另外一个潜在的问题，即《心经》的真实身份究竟如何？

玄奘大师的弟子，也是中国古代一位重要的《心经》诠释者的窥基，曾经提出这样的主张：

心者坚实妙最之称，大经随机，义文俱广，受持传习，或生怯退。传法圣者录其坚实妙最之旨，别出此经。三分二序，故皆遗阙。甄综精微，纂提纲迹。事虽万像，统即色而为空；道纵千门，贯无智而兼得。探广文之秘旨，标贞心以为称。经者津妙理之格言，披迷生之恒范。欲令随证或依或说般若贞实，而说此经，故以心目。㉕

窥基大师在这里提出：由于《大般若经》"义文俱广"，即理论深奥、文字广博，可能会导致一些人觉得在受持、传播方面不甚适合，因此就有"传法圣者"把"大经"（《大般若经》）的精要抄录而出，这就"别出"了《心经》。窥基这样的观点，事实上就是主张《心经》是源自《大般若经》的一部抄经。

窥基的观点，其实可以追溯到撰写《出三藏记集》的僧祐，僧祐曾列出"失译杂经录"，其中收集"率抄众经，全典盖寡"的一卷篇幅以内的 500 余部经典，里面就包含《摩诃般若波罗蜜神咒》一卷及其异本的《般若波罗蜜神咒》一卷。^㉖而在隋法经的《众经目录》中，就将《摩诃般若波罗蜜神咒》一卷及其异本的《般若波罗蜜神咒》一卷归于出自《大品经》的"别生"经，^㉗可见这里列出的两经，应当即是指后来归于罗什译文的《心经》第一译：《摩诃般若波罗蜜大明咒经》。所以僧祐的观点即是：《摩诃般若波罗蜜神咒》是一部抄经。僧祐和窥基是中国佛教史上学风最严谨的学者，他们的这个观点应当是值得珍重的。

僧祐和窥基的上述观点，在现代学界得到了有力的呼应。1948 年，著名佛教学者孔泽发表《般若心经》专文（the Prajñāpāramitā-Hṛdaya-Sūtra）^㉘，在该文中，孔泽提出，大约可以将《心经》十分之九的内容追溯到《大品般若经》的观点。^㉙几乎同时稍后，我国现代佛教学者中，如著名的东初法师，就在 1953 年于《人生》杂志上连载的《般若心经思想史》中，提出："《心经》，是六百卷《大般若》的精要，也是《大般若》的结晶体。《心经》虽不摄于《大般若经》内，但在《大般若经》第二会第二分《观照品》第三之二，其异译为《大品般若·习应品》第三的一段，颇与《心经》类似。有说这段原文该为《心经》的原型，或说《心经》根据这段文所组成独立的经典。于此不特可观见的《大般若经》的精要，亦可窥见《心经》组织的来源。"⑩东初法师此处的观点，可以说确实与孔泽的研究遥相呼应，他们关于《心经》与《大品般若经》及《大般若经》思想渊源的观察，都可以视为僧祐、窥基关于《心经》的观点的现代学术版，这些研究对于我们厘清《心经》思想的真实来源，无疑具有很重要的启发意义。

由于《心经》与《大品般若经》、《大般若经》之间，确实存在密切的文本关联，所以这个问题值得我们在此稍微详细地叙述一下。这里我们主要以罗什所译《大品般若经》及《小品般若经》为例，审察《心经》与《大般若经》的思想关联。我们主要拟讨论罗什译文中两段与《心经》有重要关系的文字。

1. 关于《心经》前半段主体思想段落的部分

我们这里拟讨论的第一段文字，出自罗什所译的《大品般若经》：

舍利弗！色不异空、空不异色，色即是空、空即是色，受想行识亦如是。舍利弗！是诸法空相，不生不灭、不垢不净、不增不减。是空法非过去、非未来、非现在，是故空中无色，无受想行识，无眼耳鼻舌身意，无色声香味触法，无眼界乃至无意识界，亦无无明亦无无明尽，乃至亦无老死亦无老死尽，无苦集灭道，亦无

智亦无得。^㉛

罗什译文的这段文字，与后来玄奘所译《大般若经》第二分《观照品》中的以下文字，是对应的关系：

舍利子！色不异空，空不异色，色即是空，空即是色；受、想、行、识不异空，空不异受、想、行、识，受、想、行、识即是空，空即是受、想、行、识。舍利子！是诸法空相，不生不灭，不染不净，不增不减，非过去、非未来、非现在。如是空中无色，无受、想、行、识；无眼处，无耳、鼻、舌、身、意处；无色处，无声、香、味、触、法处；无眼界、色界、眼识界，无耳界、声界、耳识界，无鼻界、香界、鼻识界，无舌界、味界、舌识界，无身界、触界、身识界，无意界、法界、意识界；无无明亦无无明灭，乃至无老死愁叹苦忧恼亦无老死愁叹苦忧恼灭；无苦圣谛，无集、灭、道圣谛；无得，无现观。^㉜

而在《小品般若经》、《大般若经》第二分异译本的另外两种译本，即西晋竺法护所译的《光赞般若》，及西晋无罗叉所译的《放光般若》中，也同样能够找到对应的这段文字：

舍利弗！色者则异，不与空同；空不为异，色不为分别。色自然空，色则为空，痛痒思想生死识不为别异，空亦不异。设空不异，识亦不异，识自然空，识则为空。佛语舍利弗：其为空者，不起不灭、无所依着、无所诤讼，无所增、无所损，无过去、无当来、无现在。彼亦无色痛痒思想生死识，亦无眼耳鼻舌身心，亦无色声香味细滑，所欲法彼则无。无黠不灭、无黠不行，不识、不名色、不六入、不细滑、不痛、不爱、不受、不有、不生、不老不病不死，亦不灭除生老病死。彼亦不苦，亦无习，亦无所尽，亦无所由。彼亦无得，亦无有时。㉝

色则是空、空则是色，痛想行识则亦是空、空则是识。亦不见生、亦不见灭，亦不见著、亦不见断，亦不见增、亦不见减，亦不过去、当来、今现在，亦无五阴、亦无色声香味细滑法、亦无眼耳鼻舌身意、亦无十二因缘、亦无四谛，亦无所逮得。㉞

竺法护译此经于晋武帝太康七年（公元286年），无罗叉、竺叔兰译此经于晋惠帝元康元年（公元291年）。两译所包含的内容，除了翻译技术上的差异，名词术语的差异，及行文详略的差异之外，与罗什译、玄奘译的相关内容，可谓基本一致。

以上四部汉译《般若经》的相关段落，与《心经》中的主体段落部分，在内容上、文字上的高度一致，足可证明这部分《般若经》的思想、文字，极有可能是《心经》的原型；或者至少其与《心经》的经文组织，存在极为密切的关系。从四译中第一译竺法护译文译出的时间，我们也可以推断：《心经》中这一主体部分的思想、文字，应当不晚于公元3世纪即已经成型。

在我们以上所谈到的四部汉译《般若经》所对应的《二万五千颂般若》梵本中，我们也可以幸运地找到上面所讨论的那段文字的原语：

hi Śāriputra na anyad rāpam anyā śānyatā, nānyā ūānyatā anyad rāpa/, rāpam eva śūānyatā śūānyataiva rūpam, nānyā vedanā anyā śūnyatā, nānyā śūnyatā anyā vedanā, vedanaiva śūnyatā śūnyataiva vedanā, nānyā saṁjñā nānyā śūnyatā, nānyā śūnyatā anyā saṁjñā, saṁjñaiva śūnyatāśūnyataiva saṁjñā, nānye saṁskārā anyā śūnyatā, nānyā śūnyatā anye saṁskārā4, saṁskāraiva śūnyatā śūnyataiva saṁskārā4, nānyad vijñānam anyā śūnyatā, nānyā śūnyatā anyad vijñānam, vijñānam eva śūnyatā śūnyataiva vijñānam. śūnyatā śāriputra notpadyatena nirudhyate, na saṁkliśyatena vyavadāyate, na hīyatena vardhate, nātītā nānāgatā na pratyutpannā, yā ca 〕d31〕 na tatra rūpa/ na vedanā nasaṁjā na saṁskārāna vijñāna/na p3thiv〕dhqtur nqbdhqtur na tejodhqtur na vqyudhqtur na qkq1adhqtur na vij`qnadhqtur na cakṣurqyatana/ na r〔pqyatana/ na śrotrqyatana/ na 1abdqyatana/ na ghrāṇqyatana/ na

ghandhqyatana/ na jihvāyatana/ rasqyatana/ na kqyqyatana/
spra2wavyqyatana/ na manaqyatana/ dharmqyatana/, na
cak2urdhqtur na r [padhqtur na cak2urvij`qnadhqtur, na
1rotradhqtur na 1abdadhqtur na 1rotravij`qnadhqtur, na
ghrqzadhqtur na gandhadhqtur na ghrqzavija`qnadhqtur,
na jihvqdhqtur na rasadhqtur na jihvqvij`qnadhqtur, na
kāyadhqtur na spra2wvyadhqtur na kāyavijñānadh ā tur,
na manodhātur na dharmadhātur na manovijñānadhātur,
na āvidyotpqdo nāvidyānirodhaḥ, na saṁskārotpqdo na
saṁskārānirodha4, na vijśānotpqdo na vijśānanirodhaḥ, na
nmarūpotpqdo na nāmarūpanirodha4, na 2afāyatanotpqdo
na 2afāyatananirodhaḥ, na spar otpqdo na sparṣanirodhaḥ,
na vedanotpqdo na vedan ā nirodhaḥ, na trṣṇotpqdo na
trṣṇānirodhaḥ, na upādānotpqdo na upādānanirodhaḥ,
na bhavotpqdo na bhavanirodhaḥ, na jātiutpqdo na
jātinirodhaḥ, na jarāmaraḥalokaparidevadu4khadaurmana
syopqyqsotpqdo na jarāmaraḥalokaparidevadu4khadaurma
nasyopqyqsanirodhaṇ, na duḥkha/ na samudayo na nirodho
na mārgo na prptir nābhisamayo。 ㉟

　从此原语可以看出：梵本虽然文字繁复，但所表达
之内涵，与四种汉译则是一致的。梵本的存在有助于我
们更加精确地理解《心经》相关段落的含义，如"无无

明，亦无无明尽"一句，原意是指：无无明之产生，亦无无明之消灭。下涉及十二因缘诸句，均同此解。又，梵本有"无过去、无现在、无未来"一句，证明最早的《心经》译本中的这句话，是有根据的。还有，梵本中的最后一句，意思是"无得无现观"，这说明《心经》中"无智亦无得"一句的"智"，本来是指"现观"（abhisamaya）。所以，梵本《二万五千颂》中的这一段落，确证了与四种汉译本相关段落，及与《心经》这一主体段落之间思想文字的同源性。

2. 关于《心经》后半段密咒关涉的部分

以"咒"称呼《般若波罗蜜》，是在早期般若经典结集时就已经出现的现象。我们知道，学界以《八千颂般若》为最早结集的《般若经》，而罗什所译的《小品般若经》，正是《八千颂般若》的对应翻译。我们在罗什译的这部经典中，就已经读到以"咒术"赞颂《般若波罗蜜》的文字：

佛告憍尸迦：善男子、善女人，受持读诵般若波罗蜜，若入军阵，诵般若波罗蜜，若住若出，若失寿命，若被恼害，无有是处；若刀箭向者，终不能伤。何以故？般若波罗蜜是大咒术、无上咒术。善男子、善女人，学此咒术，不自念恶，不念他恶，不两念恶；学是

咒术，得阿耨多罗三藐三菩提，得萨婆若智，能观一切众生心。㊱

这段译文所对应的《八千颂般若》的原语如下：

sacetkulaputro vā kuladuhitā vā imāṁ prajñāpāram-
itāmevamudgṛhṇan dhārayan vācayan paryavāpnuvan
pravartayan deśayan upadiśayan uddiśan svādhyāyan
saśgrāme vartamāne saṁgrāmaśirasi samārūḍhaṇ syātl
tasya saṃgrāmamavatarato vā avatīrṇasya vā atikr ū mato
vā saṁgrāmamadhyagatasya vā tiṣyhato vā niṣaṇṇasya vā
asthānametatkauśika anavakāṣo yattasya kulaputrasya vā
kuladuhiturvā imāṁ prajñāpāramitāṁ manasi kurvato vā
udgṛhṇato vā dhārayato vā vācayato vā paryavāpnuvato
vā pravartayato vā deśayato vā upadiśato vā uddiśato vā
svādhyāyato vā jīvitāntarāyo vā bhavetl paropakrameṁa
jīvitāntarāyaṁ so'nuprāpnuyāt, naitatsthānaṁ vidyatel
sacetpunastasya kaścitkauśika tatra śastraṁ vā daṇḍaṁ vā
loṣṭaṁ vā anyadvā kṣipet, naitattasya ṇarīre nipatetl tatkasya
heto?ṁ mahāvidyeyaś kaumika yaduta prajñāpāramitāl
apramāṇeyaṁ kauśika vidyā yaduta prajñāpāramitāl
aparimāṇeyaṁ kaumika vidyāyaduta prajñāpāramitāl
anuttareyaṅ kaumika vidyā yaduta prajñāpāramitālasameyaṅ
kaumika vidyā yaduta prajñāpāramitāl asamasameyaṁ

kauśika [vidyā] yaduta prajñāpāramitā‖ tatkasya hetoḥ atra hi kauśika vidyāyāṁ śikṣamāḥaḥ kulaputro vā kuladuhitā vā nātmavyābādhāya cetayate， na paravyābādhāya cetayate， nobhayavyābādhāya cetayate‖ atra hi kauśika vidy ū yāṁ śikṣamāṇo bodhisattvo mahāsattvo'nuttarāñ samyaksañbo dhimabhisañbhotsyate， sarvajñajñānaṁ ca pratilapsyate‖ tena so'nuttarāṁ samyaksaṁbodhimabhisaṁbudhya sarvasattvānāṃ cittāni vyavalokayiṣyati‖[37]

我们可以把这段原语新译如下：

假使一个或者善男子或者善女人，如此接纳、受持、诵读、懂得、转动、开示、指明、讽诵这部般若波罗蜜，而当阵战出现时，陷于阵战之前，那么对于这个进入、退出、穿越阵战者而言，对于这个居于阵战之中或站或坐者而言，此事并无可能——即指这个作意、接纳、受持、诵读、懂得、转动、开示、指明、讽诵这部般若波罗蜜的善男子或善女人，却会有妨碍生命的事情出现。以他人的侵害而得以妨碍此人的生命——此事并无可能；侨尸迦啊！假使那时会有任何或刀，或棍，或石，或别的什么击出，而落到此人的身上——此事并无可能。

为什么呢？侨尸迦啊！因为伟大的明咒是这个般若波罗蜜多；侨尸迦啊！因为无有量度的明咒是这个般若

波罗蜜多；憍尸迦啊！因为无有测量的明咒是这个般若波罗蜜多；憍尸迦啊！因为无上的明咒是这个般若波罗蜜多；憍尸迦啊！因为无等的明咒是这个般若波罗蜜多；憍尸迦啊！因为无等等的明咒是这个般若波罗蜜多。

为什么呢？憍尸迦啊！因为一个善男子或者善女人正在学习这个明咒时，不考量伤害自己，不考量伤害别人，不考量伤害二者。确实，一个正在学习此明咒的菩萨摩诃萨，将会觉证无上的正确觉悟，并且将会获得一切知者的智慧。（而且）因而，在获得无上的正确觉悟后，此人将可以观察一切众生的心。

根据新译可以看出：

（1）上引罗什那段《小品》译文，正是这段梵文的翻译，只是罗什的译文，一向有崇尚简略的习惯，此处亦不列外，而现存的梵本则在文字上要繁复些。

（2）罗什那段译文只是译出了"大咒术、无上咒术"，而今存的梵本，此段中则除以上两个比喻之外，还包含"无有量度的明咒""无有测量的明咒""无等的明咒""无等等的明咒"，与《心经》的说法已经基本一致，这似乎显示《八千颂般若》的文字在后来有发展的迹象。

（3）还有需要注意者，此处罗什用"咒术"这个词所对应的原词，是 vidyā，vidyā 除表示"知识"的"明"义外，亦指一种咒术；而在《心经》中，"咒"字对应的原语，已经换成了 mantra（咒语）了。

（4）本段叙述受持《般若经》者，入于两军阵战中，能够保其平安，故以伟大的"咒术"来比喻《般若经》，说明《般若经》所具有的神奇威力。我们知道具备神奇的威力，是一切咒语之基本特点，故此处用以比喻《般若经》的 vidyā 字，的确如罗什的翻译，就是指一种具有神奇威力的"咒术"。

我们在罗什所译的《小品般若经》中，还可以看到下面这段话：

释提桓因白佛言：世尊！般若波罗蜜是大明咒，般若波罗蜜是无上咒，般若波罗蜜是无等等咒。佛言：如是，如是，憍尸迦！般若波罗蜜是大明咒，般若波罗蜜是无上咒，般若波罗蜜是无等等咒。何以故？憍尸迦！过去诸佛，因是明咒，得阿耨多罗三藐三菩提；未来诸佛，亦因是咒，当得阿耨多罗三藐三菩提；今十方现在诸佛，亦因是咒，得阿耨多罗三藐三菩提。⑱

这段译文中出现了"大明咒""无上咒""无等等咒"的说法，已经基本上等同《心经》后半段咒语部分所列出的条目。尤其需要注意：这段经文提出三世诸佛皆"因是明咒得阿耨多罗三藐三菩提"，而在前面所讨论的那段经文，也有"学是咒术"的菩萨摩诃萨"得阿耨多罗三藐三菩提"的经文，这些说法可以说与《心经》后半段经文的义理脉络，已经高度一致！

所以并非如一些学者所想象，要到晚期大乘经典出现时，才有密咒涉入佛经的现象。历史的事实是：可能在最早阶段的《般若经》出现时，就已经引入密咒的概念，用以说明《般若经》之特具威力了。所以，上面这个考察，也可以从一个侧面证明：《心经》后半段跟密咒有关的文字段落，也在最早期的《般若经》文献中有其文本的渊源。

最近，美国学者 Jan Nattier 提出一个观点，认为《心经》是由《大般若经》抽取一些段落而成，然后由唐玄奘大师回译为梵文。[39]学者纪赟特撰《心经疑伪问题再研究》，对 Nattier 的观点给予了翔实、详细的介绍和评述。[40]这些是《心经》研究最新的观点，对于我们进一步探索《心经》的文本来源，理解《心经》的思想，当然有非常重要的参考价值，尤其对于我们重新审视唐代及其之前数个世纪印度、中亚、中国佛教文化之间的互动关系，是一个具有典范意义的研究。因为，我们过去确实都更多地关注印度佛教文化、中亚佛教文化对于中国佛教文化的影响的方面，而甚少关注中国佛教文化对于中亚及印度佛教文化的可能的及历史的影响。

不过，我们认为到目前为止出现的文献证据，均不足以证明《心经》是由中国学者集萃而来，也不足以证明是玄奘大师回译了这部经典。我们觉得还是维护唐代窥基大师的说法比较妥当。所以，我们坚持《心经》是由"传法圣者""别出"的一个《大般若经》的精华本，《心经》极有可能是一个《般若经》的抄本。而按照中国佛教的信仰传统，抄本与经本一样，对于学者具有同等的指导作用，及同等权威的地位。而如我们在前文所示，根据中印佛教文化互动的哲学诠释学思路，来审视智慧学范式下的《心经》与安心思想文化传统下的《心经》，深度理解《心经》思想信仰在中印文化中的历史嬗变，仍然不失为一个既具有开放性又具有可行性的《心经》思想信仰的理解模式。

后记：本文最早曾以《心经安心：从梵汉比较研究的角度看》为题，在 2003 年发表于《哲学研究》杂志。这次加以修订，主要是恢复发表时出于篇幅原因被编辑删去的《心经》略本、广本梵本的部分，并且对旧译的文字做了一些修订，力争使其阅读时通顺一些。这次修订还补充了第六个部分，使笔者文中所拟议的在中印佛教文化互动的视野中看待《心经》思想信仰流传的哲学诠释学思路，更加完整详备。1990 年曾作《心经》白话释译，谨以本文易为今名，作为《心经》白话释译的一个补充。恭让。

注释：

①中国社会科学院世界宗教研究所周齐女士著有《由"以佛治心"到"治心三经"之滥觞》一文，文中提出，《心经》在明朝初期，由于朱元璋的提倡，成为"治心三经"之一，另外两部治心经典乃是《金刚经》以及《楞伽经》。周文对于明朝初期"治心三经"被推出的有关史实做了十分精彩的考证。所谓"治心三经"的名称，是由周齐在这篇文章中创造并使用的。本文的主要灵感受到周齐文章的很大启发，特别是我在本文中使用的术语"安心"，源自她的术语"治心"，不过含义有所拓展。我在本文中把有关《心经》安心的传统上溯至唐代中叶；其次，我对问题的理解与解释主要地采取的构架不是社会学的，而是哲学解释学的。周齐文章见于《觉群佛学》（2008 年），第 54—60 页，宗教文化出版社，2008 年。

②（梁）僧祐《出三藏记集》卷四，中华书局，苏晋仁先生校勘本，第 177 页。另外参考《中国佛

教》三，游侠先生所撰"般若波罗蜜多心经"一条，第136—137页，中国佛教协会编，知识出版社，1991年。

③ 参考：《玄奘研究》，第119页，马佩主编，河南大学出版社，1997年。

④ 此事记载于刘轲为玄奘法师所做的《大唐三藏大遍觉法师塔铭》中，文载《全唐文》卷七百四十二。文中记载："高宗即位，法师还慈恩，专务翻译。永徽三年春三月，法师于寺端门之阳造石浮图。高宗恐功大难成，令改用砖塔，有七级，凡一百八十尺，层层中心，皆有舍利。冬十月，中宫方妊，请法师加佑，既诞，神光满院，则中宗孝和皇帝也。请号为佛光王，受三皈，服袈裟，度七人，请法师为王剃发。及满月，法师进金字《般若心经》及道具等。"又《全唐文》卷九百六载有玄奘的《庆皇太子弥月并进法服表》，表文把通过《心经》等祈禳祝福之意表达得十分明显。

⑤ 敦煌传本《唐梵翻对字音般若波罗蜜多心经》（并序［燉煌出，S.700］）载有从西京大兴善寺石壁上录出的慈恩和尚（窥基）的序，见《大正藏》第8册，No.256。此外，慧立、彦悰所作玄奘传记《大慈恩寺三藏法师传》中，也提到观音菩萨传授《心经》一事。见《大慈恩寺三藏法师传》卷第一，《大正藏》第

五十二册，No.2053。这两则材料是关于玄奘与《心经》故事的最早原型。它们都把玄奘获得《心经》的地点安排在四川，时间是取经之前，目的大约是避免与玄奘在口授传记中并未提及《心经》的情况相冲突。

⑥《太平广记》卷第九十二《异僧六》。

⑦ 这个记载称《般若波罗蜜多心经》为"多心经"，这与前引雪衣女故事中"多心经"的说法是一致的。足证这个著名称谓由来已久，至少在玄宗时代的宫廷中已经相沿成习。

⑧ 反映这种"民间态度"的，在《太平广记》中还可以找到两个例子。一个是王琦的故事："唐王琦……又其妻李氏，曾遇疾疫疠。琦灯下至心为诵多心经，得四五句……琦却诵经四十九遍，李氏寻愈也。[出《广异记》见《太平广记》卷第一百一十一《报应十（观音经）》]。另一个是关于孟知俭的故事："唐孟知俭，并州人……俭曰：一生诵多心经及高王经，虽不记数，亦三四万遍。"[出《朝野佥载》见《太平广记》卷第一百一十二《报应十一（崇经像）》]。

⑨《全唐文》卷二百二十五张说（五）《石刻般若心经序》。

⑩《唐文续拾》卷八（引自《金石续编》十四）"慧忠"条下载《般若心经序》。"诸法唯一心"的"字"，

按照慧忠的用语，即是指"众生本心"。慧忠是彻底地以众生的"本心"看待《心经》之"心"字的。在对《心经》标题之解释中，他完全贯穿了这样的思想："忠云。将释经题。都有五句以明众生本心。第一，摩诃是梵语。此翻为大。为破凡夫妄执尘境心。着世间故为隔碍。名之为小。欲令众生摄诸妄念。不染世间。悟心境空。洞然含受十方世界。故名摩诃也。第二，般若是梵语。此名智慧。为破凡夫背心取境。坚执我见堕在愚痴。欲令众生背境观心本来无我。故名般若。第三，波罗是梵语。此云清净。为破凡夫不悟自心。认六根觉。唯览六尘。随尘杂乱堕于不净。欲令众生背境合觉。觉本清净。故名波罗也。第四，蜜多是梵语亦名和多。此云诸法。为破凡夫妄心求法。执着名相差别不同。欲令反照自心本含万法。和合无二。本来具足无所欠少。故名蜜多也。第五，心经是梵语。此名大道。为破凡夫不识本心。唯益多闻。分别名相。心随境转。轮回六道。堕于邪见。欲令众生反照心源。本来空寂。实无少法可得。无所分别。即皈大道。故名为心经。已上经题本意。只令自悟。心源广大。智慧清净。和合无二。本来具足无所分别也。"引自《卍新纂续藏经》，No.533《般若心经三注》。

⑪ *Mahāyāna-sūtra-saṃgrahaḥ*（*part* 1），*edited*

by Dr. P. L. Vaidya, *Buddhist Sanskrit Texts No.* 17.Darbhanga, The Mithila Institute, 1961, pp. 86.

⑫ *Mahāyāna-sūtra-saṃgrahaḥ* (*part 1*), *edited by Dr. P. L. Vaidya, Buddhist Sanskrit Texts No.*17. Darbhanga, The Mithila Institute, 1961, pp. 87—88.

⑬ 此处梵本本作"诸菩萨",考虑上下文义,并参考略本,改为"一个菩萨"。

⑭ 本句不见于 Vaidya 本中,为译者增补。

⑮《诗经·国风·召南·草虫》。

⑯《诗经·小雅·鹿鸣之什·杕杜》。

⑰《牟子理惑论》,《弘明集》卷第一,《大正新修大藏经》第 52 册,No.2102。

⑱《颜延之庭诰二章》,《弘明集》卷第十二,《大正新修大藏经》第 52 册,No.2102。

⑲ 梁武帝:《述三教诗》,《广弘明集》卷第二十九,《大正新修大藏经》第 52 册,No.2103。

⑳ 参考李斌城先生的研究成果,见李文:《唐前期道儒释三教在朝廷的斗争》,文载杨曾文主编论文集《佛教与历史文化》,宗教文化出版社,2001 年。

㉑ 如宋代张商英著《护法论》,提出:"群生失真迷性。弃本逐末者。病也。三教之语。以驱其惑者。药也。儒者使之求为君子者。治皮肤之疾也。道书使

之日损损之又损者。治血脉之疾也。释氏直指本根。不存枝叶者。治骨髓之疾也。其无信根者。膏肓之疾。不可救者也。"见《大正新修大藏经》，第52册，No.2114。

元代刘谧撰《三教平心论》："儒者圣人之治世者也。佛者圣人之治出世者也。尝观中国之有三教也。自伏羲氏画八卦。而儒教始于此。自老子著道德经。而道教始于此。自汉明帝梦金人。而佛教始于此。此中国有三教之序也。大抵儒以正设教。道以尊设教。佛以大设教。观其好生恶杀。则同一仁也。视人犹己则同一公也。征忿窒欲禁过防非。则同一操修也。雷霆众聩日月群盲。则同一风化也。由粗迹而论。则天下之理不过。善恶二涂。而三教之意无非欲人之归于善耳。故孝宗皇帝制原道辩曰。以佛治心。以道治身。以儒治世。诚知心也身也世也。不容有一之不治。则三教岂容有一之不立。无尽居士作护法论曰。儒疗皮肤。道疗血脉。佛疗骨髓。诚知皮肤也血脉也骨髓也。不容有一之不疗也。如是则三教岂有一之不行焉。"见《大正新修大藏经》，第52册，No.2117。

㉒伽达默尔：《真理与方法》，英文版第235页，《西学基本经典·哲学类》，中国社会科学出版社，1999年。

㉓ 引文见鸠摩罗什译《维摩所说经·佛国品》,《大正新修大藏经》第 14 册，第 538 页。原文的梵语是：ekq/ ca vqca/ bhagavqn pramu`case|nqnqruta/ ca par2ad vijqnati\yathqsvaka/ cqrtha vijqnate jano|jinasya qvezikabuddhalak2aza/。可以直译为："薄伽梵！您释放同一种声音，大众就理解着不同的声音。并且，各自地，人们理解着意思。一个胜利者，有着特殊的觉者的相貌。"梵语引文见日本学者所编的《梵藏汉对照〈维摩经〉》，第 25 页，大正大学综合佛教研究所梵语佛典研究会校勘，大正大学出版社，2004 年。

㉔ 程恭让：《欧阳竟无佛学思想研究》，尤其《自序》，第 13—14 页。（台湾）新文丰出版公司，2000 年。

㉕《般若波罗蜜多心经幽赞》，大正藏第 33 册，No. 1710，页 523 下。

㉖《出三藏记集》，大正藏第 55 册，No. 2145，页 21 中。

㉗《众经目录》，大正藏第 55 册，No. 2146，页 123 中。

㉘ 此文由 Conze 最早发表于 1948 年的《皇家亚洲学会会刊》(*the Jounrnal of the Royal Asiatic Society*, pp.38–51)，后又被作者收于《佛教研究三十年》之中。(Conze, 2000, pp. 148–167)

㉙ Thirty Years of Buddhist Studies, Selected Essays by Edward Conze, *Published 1967, by* BRUNO CASSIRER (PUBLISHERS) LTD, 31 Portland Road, Oxford.

㉚ 东初:《般若心经思想史》, 三、般若心经与般若经的关系, 引自《人生》杂志, 第五卷第 3 期,1953 年。

㉛《摩诃般若波罗蜜经》, 大正藏第 8 册, No. 0223, 页 223 上。

㉜《大般若波罗蜜多经》, 大正藏第 7 册, No. 0220, 页 14 上。

㉝《光赞经》, 大正藏第 8 册,No. 0222, 页 153 下。

㉞《放光般若经》, 大正藏第 8 册,No. 0221, 页 5 下。

㉟ Pancvi/1atisqhasrikq Praj`qpqramitq,I −1, edited by Takayasu Kimura, Sankibo Busshorin, Publishing Co., Ltd.Tokya, 2007.pp.64−65.

㊱《小品般若波罗蜜经》, 大正藏第 8 册, No. 0227, 页 542 中。

㊲ A2wasqhqsrikq praj`qpqrqmitq, Buddhist Sanskrit Texts − No. 4, Edited by Dr. P. L. Vaidya, Published by The Mithila Institute of Post—graduate Studies and Resarch in Sanskrit Learning, Darbhanga, 1960, pp.27−28.

㊳《小品般若波罗蜜经》, 大正藏第 8 册, No.

0227，pp.543 中。

㊴ The Heart Sutra: A Chinese Apocryphal Text? by Jan Nattier，THE JOURNAL OF THE INTERNATIONAL ASSOCIATION OF BUDDHIST STUDIES，Volume 15，1992，Number 2.

㊵ 纪赟:《心经疑伪问题再研究》,《福严佛学研究》第 7 期，页 115—182，2012 年。

参考书目

1 《大般若经叙》 欧阳竟无著

2 《五分般若读》 同上

3 《心经读》 同上

4 《金刚般若经略疏》 智俨著

5 《能断金刚经论释》 世亲造，义净译

6 《能断金刚经论颂》 无著造，义净译

7 《略明般若末后一颂赞述》 义净著

8 《成唯识论》 护法等造，玄奘译

9 《成唯识论掌中枢要》 窥基撰

10 《中论颂》 龙树造，鸠摩罗什译

11 《大乘五蕴论》 世亲造，玄奘译

12 《肇论》 僧肇著

13 《六祖大师法宝坛经》（曹溪原本）

14《心经注解》 大兴朱珪著

15《佛说般若波罗蜜多心经赞》 圆测著

16《般若心经疏记》 法藏、文才著

（以上各书均依金陵刻经处缮本）

17《金刚般若波罗蜜经论》 世亲造，菩提流支译

18《金刚般若波罗蜜经破取着不坏假名论》 功德施造，地婆诃罗译

19《金刚般若波罗蜜经论》（别本） 无著造，达摩笈多译

（以上各书均依中华大藏经修订版）

20《大智度论》 龙树造，鸠摩罗什译

21《金刚般若经疏》 智𫖮著

22《金刚般若疏》 吉藏著

23《金刚般若波罗蜜经注解》明宗泐、如玘同注

（以上各书依据大正藏版本）

24《金刚般若波罗蜜经讲记》 演培法师撰

25《金刚经概要》 同上

26《金刚经讲义》 江味农居士著，福建广化寺印本

27《金刚经集注》 明朱棣集注，上海古籍出版社，一九九〇年版

28《白话佛经》 不慧述，中国社会科学出版社，一九九一年版

29《太虚大师全书》 太虚著，太虚大师全书影印委员会印行

30《太虚大师选集》上、中、下三卷 太虚著，正闻出版社印行

31《中国近代佛学思想史稿》 郭朋等著，巴蜀书社，一九八九年版

32《东西文化及其哲学》 梁漱溟著，见《梁漱溟全集》，山东人民出版社，一九八九年版

33《中国佛性论》 赖永海著，上海人民出版社，一九八八年版

34《佛道诗禅》 赖永海著

出版后记

　　星云大师说："我童年出家的栖霞寺里面，有一座庄严的藏经楼，楼上收藏佛经，楼下是法堂，平常如同圣地一般，戒备森严，不准亲近一步。后来好不容易有机缘进到藏经楼，见到那些经书，大都是木刻本，既没有分段也没有标点，有如天书，当然我是看不懂的。"大师忧心《大藏经》卷帙浩繁，又藏于深山宝刹，平常百姓只能望藏兴叹；藏海无边，文辞古朴，亦让人望文却步。在大师倡导主持下，集合两岸近百位学者，经五年之努力，终于编修了这部多层次、多角度、全面反映佛教文化的白话精华大藏经——《中国佛教经典宝藏》，将佛教深睿的奥义妙法通俗地再现今世，为现代人提供学佛求法的方便途径。

　　完整地引进《中国佛教经典宝藏》是我们的夙愿，

三年来，我们组织了简体字版的编审委员会，编订了详细精当的《编辑手册》，吸收了近二十年来佛学研究的新成果，对整套丛书重新编审编校。需要说明的是此次出版将丛书名更改为《中国佛学经典宝藏》。

佛曰：一旦起心动念，也就有了因果。三年的不懈努力，终于功德圆满。一百三十二册，精校精勘，美轮美奂。翰墨书香，融入经藏智慧；典雅庄严，裹沁着玄妙法门。我们相信，大师与经藏的智慧一定能普应于世，济助众生。

东方出版社

图书在版编目（CIP）数据

般若心经／程恭让，东初 释译 . —北京：东方出版社，2020.4
（中国佛学经典宝藏）
ISBN 978-7-5060-8625-7

I. ①般… II. ①程… ②东… III. ①佛教②《心经》—注释
③《心经》—译文 IV. ① B942.1

中国版本图书馆 CIP 数据核字（2015）第 289487 号

般若心经
（BORE XINJING）

释 译 者：程恭让　东　初
责任编辑：王梦楠　杨　灿
出　　版：东方出版社
发　　行：人民东方出版传媒有限公司
地　　址：北京市东城区朝阳门内大街 166 号
邮　　编：100010
印　　刷：北京明恒达印务有限公司
版　　次：2020 年 4 月第 1 版
印　　次：2023 年 3 月第 3 次印刷
开　　本：880 毫米 ×1230 毫米　1/32
印　　张：9.25
字　　数：136 千字
书　　号：ISBN 978-7-5060-8625-7
定　　价：55.00 元
发行电话：（010）85924663　85924644　85924641